福井県立若狭高等学校の理念と学校改革

異質のものに対する理解と寛容

中森一郎

Single Cut Publishing House

異質のものに対する理解と寛容

―福井県立若狭高等学校の理念と学校改革―

目次

はじめに

はじめに　――若狭高校校長としての三年間――

この本は私が福井県立若狭高等学校の校長を務めた二〇一九年（令和元年）四月から二〇二二年（令和三年）三月の三年間に生徒や保護者の皆さんにお話ししたことやその間の学校改革についてまとめたものです。二〇一九年からの二年間は福井県高等学校教育研究会国語部会長も務めましたので国語教育について述べたものもあります。

この本で紹介する学校改革への取り組みや生徒への話は若狭高校だけに限った話ではなく全国の先生方や生徒の皆さん、保護者の皆様に共感していただけるところがあるのではないかと思っています。学校経営に悩まれている管理職の先生方や、毎日生徒に接しいろいろな声掛けをされている先生方、学習や進路で悩まれている生徒の皆さんや保護者の皆様など、できれば多くの方に本書を手に取っていただき興味のあるところからお読みいただければ幸いです。

さて、皆さんは「高校の校長」に対してどのような印象をお持ちでしょうか。入学式や卒業式といった式典以外にはあまり接点がなく、近寄りがたい存在という印象をお持ちの方も多いのではないかと思います。実際、私自身もこれまでの教員生活の中で、校長先生と話をする時はいつも緊張しましたし、校長室は最も入りにくい部屋でした。全校集会での校長先生の話もあまり印象に残っていません。

そういう自分自身の経験から、自分が校長になるにあたって考えたのは、生徒や保護者の皆さん、先生方とのコミュニケーションを大切にして皆さんの考えをきちんと受け止めながら、私の考えもしっかり伝えてみんなで学校を作っていく、そういう校長になりたいということでした。

そのための一つの手段がホームページを通して式典ごとのあいさつや学校の様子、校長としてのビジョンなどを発信してきたことです。読んでくださった保護者や他校の先生方から「毎回楽しみにしています」と励ましの言葉をいただいたり、生徒さんから「これまでの校長先生の話で一番面白いです」といった感想をいただいたりしました。担任の先生がホームルーム等の時間に私の話を引用してくれることもありました。

もうひとつ、発信を通して学校改革を進めていくというねらいもありました。赴任して最初の始業式では、以前担任をした生徒の「授業の完全理解」という言葉をキーワードに、生徒の皆さんに授業の大切さや改善の必要性を伝えることで先生方の意識改革を進めていきました。

また、令和三年一月の中央教育審議会答申を受けて、全国の高等学校が各校の存在意義や社会的役割、目指す学校像などを明確にして、高校入学から卒業までの教育活動の指針であるスクールポリシーを策定することになった際も、一学期の始業式で生徒によるスクールポリシー策定の意義や価値について話をして、生徒会とともにスクールポリシーを策定しました。

ここからは、実際にどのようにして学校改革を進めていったのかについてお話ししていきます。

若狭高校は「異質のものに対する理解と寛容の精神を養い教養豊かな社会人の育成を目指す」という教育目標を掲げ、その目標達成のために創立当初から平成五年度末までの四五年間にわたり総合異質編制「縦割りホームルーム制」（ホーム制）という全国で唯一の教育実践に取り組んできました。

平成五年度にホーム制の廃止が決定された際には、教職員はもとより同窓生や地域の方も巻き込んで大論争になりました。廃止の背景には、ホーム制（授業以外の教育活動）とクラス制（授業）の並立による生徒指導の困難さや進学実績の低迷に加えホームルーム経営の難しさなどがあり、クラス制に移行しても教育目標実現のために生徒会行事を中心にホーム制の精神を継承して多様性を尊重していくという方針のもと廃止が決定されました。ホーム制が廃止されて三〇年近くになりますが、現在もこの方針に沿って若狭高校の教育は行われています。

ここで若狭高校の歴史を少し紐解いてみると、創立当初から地域に開かれた学校として、例えば学校祭は一般の方に開放して、各ホームがデコレーションを展示したり、定時制食堂でカレーライスやうどんをふるまったりして地域の方との交流を大切にしてきました。

また、若狭地域の総合高校として「若狭大学」と呼ばれ、学問・文化・芸術・スポーツの中心、知の拠点としての役割も果たしてきました。

平成二三年に文部科学省よりＳＳＨ[①]（スーパー・サイエンス・ハイスクール）研究指定を受け、地域の資源を活用して地域と世界を結ぶ科学技術人材を育成することを目標として掲げたことにより、地域との関係はより深くなり、知の拠点として果たすべき役割もより大きくなっています。若狭地区の学校再編により平成二四年には文理探究科が、翌二五年には海洋科学科が設置されました。

赴任した当時、若狭高校は多くの課題に直面していましたが、先生方は毎日七時間の授業に加えて部活動や生徒指導、担当業務などをこなすのが精一杯で、課題を解決するために腰を据えて考えたり議論したりする時間はどこにもありませんでした。

折しも教員の働き方が問題となり、「主体的、対話的で深い学び」の実現を目指す新学習指導要領の施行も目前に迫っていましたので、この機に抜本的に教育活動を見直すことにしたのです。

見直しを進めるにあたっては、できる限り授業や職員室、部活動を見に行って現状を把握するとともに、生徒の皆さんや先生方が直面している課題についてできるところから時間を置かず解決していくことにしました。その中で浮かび上がってきたのが偏差値にとらわれがちな生徒への評価や進路指導と前例踏襲により硬直化した組織体制という二つの課題です。

前者については、生徒や保護者から若狭高校の先生は生徒の希望を尊重せず、偏差値で受験する大学を勧めているのではないかという不満がありました。実際には決してそのようなことはないのですが、そういうふうに受け止めている方がいらっしゃいました。

また、進学実績も年々下降してきており、七時間授業や放課後や休日の課外授業が生徒の学びへの意欲や学力の向上に必ずしもつながっていない状況がありました。かといって他にこれといった打開策があるわけでもなく、生徒も教員も現状に疑問を抱きながらも時間に追われゆとりのない毎日を過ごしていました。

後者については、担任の先生方の中で「担任損」というショッキングな言葉が使われていました。何かあると担任の責任にされ負担ばかり負わされて、担任をするのは損だ、担任なんかしたくないというものです。この背景には、担任が直面する課題や悩みについていくら訴えても、その声が学校運営に届きにくく、特に若い先生方を中心に負担感や不信感が募る状況がありました。こうした状況を改善するため、先生方と議論を重ねるとともに外部の方の意見も伺って、赴任二年目に学校の制度を大きく変更することにしたのです。

変更点は大きく三点あります。

一点目は「指導から支援」へと先生方の意識改革を図ったことです。新学習指導要領で示された「主体的、対話的で深い学び」の実現のためには、授業をはじめ学校の教育活動全体において生徒が主役でなければならないこと、そのために教師は指導者から支援者、伴走者へと役割を変えていく必要があることを折に触れて先生方に伝えるとともに、各部署も生徒指導部は「生徒支援部」に、進路指導部は「キャリアサポートセンター」に名称を変更するなど生徒を支援する視点から校務内容について見直しを行いました。

また、若狭高校がＯＥＣＤ・ＩＳＮ（イノベーション・スクール・ネットワーク）2.0の研究指定校であったことから、努力目標に「主体的に考え、行動し、責任をもって社会改革を実現していく意志や姿勢」を意味する「Student Agency[2]（生徒エージェンシー）」の育成を掲げ、生徒にはStudent Agencyの発揮を、先生方には生徒を支える「Co-Agency（共同エージェンシー）」、すなわち教員のコミュニティの形成をお願いしました。こうして指導という考え方から支援という考え方へと先生方の意識を変えていくことで先生方の生徒への接し方も変わっていきました。生徒が主役、生徒が「主語」の学校づくりの基盤ができたのです。

二点目は授業時間を減らして学校生活にゆとりを持たせたことです。それまで一日七時間、週三五時間行っていた授業を週三三時間とし、火曜日と金曜日を六時間授業にするとともに、平日と休日の課外授業も取りやめて個々の生徒に応じて支援を行うことにしました。

これにより生徒は教科学習や探究[3]学習、部活動など自分がやりたいことに時間を使えるようになり、先生方も教材研究などの時間を確保できるようになりました。

中でも担任の先生方がこの時間を生徒との面談にあて、生徒の「やりたいこと探し」を支援するようになったことが、生徒の希望進路の明確化とその実現に向けた主体的な学びに大いに役立ちました。これにともない例えば三年生の模擬テストの成績伸び率が全国一位になるなど生徒の学力も明らかに向上しはじめたのです。最終的にはここ数年下降していた進学実績が過去一〇年で最多となり、多くの生徒の希望進路の実現につながりました。

三点目は先生方の執務を部署中心から学年会中心へと変えたことです。福井県をはじめ全国の多くの高校では教務部や指導部といった部署ごとに執務することが多いのですが、それを学年主任を中心に担任がまとまって執務する学年会中心の体制へと変えることで担任間で情報を共有し、教科担任との連携を密にして学習面でも生活面でもきめ細かく支援できるようになりました。また、担任は他の業務を減らして担任業務に専念できるようにし、担任や学年会の声を迅速に学校運営に反映させる体制を整えました。

そうした中で、先に述べたように担任が生徒との面談を繰り返し行い、進路支援や学習支援をきめ細かく行うことで生徒の学びへの意欲や自己肯定感が高まり、担任との信頼関係もより確かなものになっていったのです。

つい一年前に担任間で言われていた「担任損」という言葉を耳にすることはなくなりました。それどころか担任にやりがいを感じ希望する先生方が増えています。

また、改革に着手したその年に第二期ＳＳＨ事業の中間評価において最高ランク（全国一位）の評価を受けるなどＳＳＨへの取り組みが高く評価されたことも新しい学校づくりを進める大きな推進力になりました。

令和三年度には文部科学省から新たにマイスターハイスクール④事業の指定を受け、若狭地域の水産業の発展や人々の Well-being《ウェルビーイング》（肉体的にも精神的にも社会的にもすべてが満たされた状態にあること）の実現に寄与する人材の育成に取り組んでいます。

海外留学の道も開きました。アメリカのマーセッドカレッジと連携協定を結び、現地の大学生と定期的にオンラインで交流する機会や高校卒業後に留学できる制度を整備しました。

さらに寮も新築し、令和五年度入試から実施する地域みらい留学によって全国から生徒を募集することで、若狭高校が知の拠点としてこれからの世界を支える多様な人材を輩出することを目指しています。

今や若狭高校生の学びの場は全国そして世界に広がり、多様な人々と協働して世界が直面する様々な課題の解決に取り組んでいます。かつて縦割りホームルーム制度により育成を目指した「異質のものに対する理解と寛容の精神」は、今、世界中の多様な人々との協働的な学びによりその実現を目指しているのです。

① SSH（Super Science High Schools）

文部科学省が、将来の国際的な科学技術関係人材を育成するため、先進的な理数教育を実施する高等学校等を「スーパーサイエンスハイスクール」として指定し、学習指導要領によらないカリキュラムの開発・実践や課題研究の推進、観察・実験等を通じた体験的・問題解決的な学習等を支援する事業。若狭高校は平成二三年（二〇一一年）に指定を受け、現在（二〇二三年）第二期一二年目。第二期では、全生徒が地元若狭の豊かな地域資源に着目して課題研究に取り組むこととし、「地域資源活用型 探究学習による地域と世界を結ぶ科学技術人材の育成」を目標として、生徒が地域のさまざまな課題に目を向けてその解決策を考え、地域の方に提案する課題解決学習に取り組んでいる。

若狭高校の取り組みは二〇二〇年の中間評価において最高レベルの評価（七七校中六校）を受けた。

② Student Agency（生徒エージェンシー）

ＯＥＣＤ（経済協力開発機構）は、二〇一五年に「Future of Education and Skills（教育とスキルの未来）2030 project」を立ち上げ、二〇三〇年に向けて子どもたちに求められるコンピテンシー（資質・能力）や、それを育成するための学び方やカリキュラム、指導法について検討を重ね、二〇一九年五月に「The OECD Learning Compass（学びの羅針盤）2030」を公表した。その中で最も重要なのが「Student Agency（生徒エージェンシー）」という概念である。Agencyとは、主体的に考え、行動し、責任をもって社会変革を実現していくという意志や姿勢を意味し、それに伴走するのが仲間、教師、家族、コミュニティなどのCo-

Agency（共同エージェンシー）である。Co-Agencyは、生徒が目標に向かって進むのを主体的かつ協力的に支え協働することを意味している。

若狭高校はこのプロジェクトを推進するOECDイノベーションスクールネットワーク（ISN2.0）の指定を受け、探究学習や各教科で二〇三〇年を見据えた先進的な授業実践に取り組み、二〇二一年九月には東京で開催されたG20サミットで世界の教育行政担当者に探究学習の取り組み成果を発表し高く評価された。

③　探究学習

情報化やグローバル化が進展する社会において、変化の先行きを見通すことが一層難しくなってきている。こうした予測困難な時代を迎える中で、学校教育には子供たちに様々な変化に積極的に向き合い他者と協働して課題を解決していくことや、様々な情報を見極め、再構成するなどして新たな価値につなげていくこと、どのような未来を創っていくのかを自ら考え、よりよい社会と幸福な人生の創り手となる力を身に付けていくことなどが求められている。こうした力をつけていくために、高校では二〇二三年度より「総合的な探究の時間」において、各教科等での学びを生かし、それぞれの教科の見方や考え方を働かせて、自ら問いを立てて探究する力を育成している。具体的には、「①課題の設定→②情報の収集→③整理・分析→④まとめ・表現」のプロセスで探究学習を発展的に繰り返していくことにより、自ら問いを立て探究する力を育成していく。

若狭高校では、SSH校として指定を受けた平成二三年度より、SSH・研究部を中心に学校全体で探究学習に取り組んでおり、第二期中間評価（二〇二〇年）においても全校生徒が三年間にわたり系統的・発展的に探究学習に取り組んでいることが高く評価された。

④ マイスターハイスクール

文部科学省が、第四次産業革命の進展やデジタルトランスフォーメーション、六次産業化など、産業構造や仕事内容が急速に変化している社会において、専門高校が産業界と連携してデジタル人材をはじめ地域の持続的な成長を牽引するための最先端の職業人材を育成することを目的に行う事業。指定期間は三年。

若狭高校は本事業がスタートした令和二年（二〇二〇年）に指定を受け、海洋科学科を中心に若狭地域の人々が幸せに暮らせる社会を創造していく人材を育成する「若狭地域の Well-being の実現に向けた次世代人材育成のための水産教育カリキュラム開発」に取り組んでいる。

第一章 〈授業の完全理解〉

二〇一九年度

　私が赴任する以前から、若狭高校ではＳＳＨとＯＥＣＤ・ＩＳＮ2.0の研究指定を受け全校体制で探究学習や授業改善に取り組んでいました。教職員の三分の一を占める三〇代以下の若手教員の授業力向上を目的としてベテランと若手がチームで授業研究に取り組む「若手授業力向上塾」や、全教職員が互いに授業を見合う「互見授業」など教職員が協力してみんなで授業をよくしていこうという体制ができており、それが若狭高校の教育を前に進める原動力になっています。

　若手授業力向上塾では、グループごとにまずベテランが授業を行います。お手本を見せるというより授業を開示して、いわば率先して恥をかくことで授業を見合うことへのハードルを下げ、その日の放課後に茶菓子などをつまみながら和気あいあいとした雰囲気で振り返りの時間を持ちます。この振り返りの時間は、若手にとって授業のつまずきのポイントがわかる気づきの多い学びの場であるだけでなく、クラス経営など授業以外で悩んでいることについても共有できる場となっていて、ベテランがメンターとして機能しています。

　また、互見授業は全教職員が教科が重ならないようにグループを組み、一か月かけて互いに授業を見合います。先生方は「生徒と一緒になって授業を受けている」、「保護者の立場から授業を見ている」、「教科を超えて関連性に気づいた」など多様な視点で授業を評価し合い、授業で大切にしなければいけない姿勢や雰囲気など教員として大事なことを学び合える機会になっています。

さらに、福井県では毎年「高校生学習状況調査」という生徒による授業評価を行っており、授業に対する生徒の生の声、生の評価が示されるので、先生方はその評価をもとに授業の見直しを図っています。

どの教科も特に「探究的な学び」を大切にしており、生徒が探究心を持って主体的に学ぶことができる授業づくりが進められています。

こうした取り組みが全国、そして世界からも評価され、九月五日に国連大学で開催されたG20の教育関係者による国際会議では、SSH・研究部長の渡辺久暢先生と二年国際探究科の荒木美咲さんが探究学習に関するプレゼンテーションを行い、OECD教育・スキル局長のアンドレアス・シュライヒャー氏をはじめ各国の教育担当者から「OECD各国の教育モデルになる」と評価していただきました。

さらに、九月二四日には中央教育審議会「第三回新しい時代の高校教育の在り方ワーキンググループ」において「普通科の特色づくり」と「開かれた学校づくり」というテーマで授業改善と探究学習への取り組みについて発表し、各委員からは「どうして若狭高校ではこうした取組ができるのか」

という組織のあり方や組織づくりについての質問が多く出され、「どうしたら他校でも若狭高校のような取組ができるようになるのか」ということについて議論が交わされました。

その議論で印象に残ったのが「あの人だから」、「あの学校だから」という言葉です。この言葉の背景にあるのは、優れた教育実践は特定の教員や特定の学校にしかできないため、一過性のものに終わったり、限られた学校でしか成果が上がらない実態があるということです。これに対して、若狭高校では、授業改善や探究学習に全教職員が組織的に取り組んでいて、しかもそれが地方の公立高校であることから、「あの人」、「あの学校」の壁を一気に乗り越えてどの学校でも実現できる取り組みとして注目されたのです。

ちなみに、「あの人だから」には続きがあります。それは、「あの人」にしかできないのであれば「あの人をいっぱい育てれば良いではないか」ということです。その話を耳にした時私が思ったのは「若狭高校でならあの人をいっぱい育てられるかもしれない」ということでした。最初に述べたように、若狭高校にはそういった「出る杭を伸ばす」土壌、安心・安全が担保されたコミュニティともいうべき教員集団づくりを進めてきた文化があるからです。

しかし、一方で「はじめに」でも述べたように、赴任当時学校は多くの課題を抱え、解決の糸口を見つけられないまま毎年のように問題が先送りされていました。教員の働き方改革を進めながら、普通科をはじめ各学科の学びをどうやって充実発展させていくかという難しいかじ取りが求められていたのです。

学校改革の具体的な内容については「はじめに」でお話しした通りですが、私の心に火をともしたのは、学校運営委員会での一人の担任の涙の訴えでした。その先生は一年生普通科の担任をされていましたが、現行の体制では時間的にも組織的にも一人ひとりの生徒に対する十分な支援ができないため、何とかして支援体制を整えたいという思いから、四クラス編成である普通科を学校独自に五クラス編成にして少人数できめ細かく支援したいと涙ながらに訴えたのです。学校独自でクラス数を増やすことは授業時間数や校務の増大につながるとともに継続性の点でも課題があるため実施は難しい状況であったことと、当時運営委員会では各部署の発言力が強く、学年会や担任の発言はそれほど重みを持っていなかったことから、その発言に賛同する意見は多くはありませんでしたが、真剣に生徒のことを思う担任の先生の訴えに何とか他の方法で生徒を支援することはできないかと考えるようになりました。そして、京都市立堀川高校が学年会中心の組織体制により生徒を支援していることを知り、堀川高校を参考にして新たな組織作りを進めることにしたのです。その後、職員会議をはじめさまざまな機会を通して先生方の意見を伺い、改革案を一気にまとめて翌年度より新体制でスタートすることとしました。

スタートにあたり、先生方には実際に走り出して初めて見えてくる課題などもあることから、年度途中であってもその都度柔軟に組織を見直していくことを伝えてあったのですが、新年度が始まると早速先生方の役割分担が問題になりました。当初は担任が業務に専念できるように先生方の役割分担を「一人一役」としましたが、各部署から人手が足りず仕事が回らないという声があがり、担任も負担がかからない程度で部署の業務を担当することとしました。

また、副担任の配置も問題になりました。副担任については、従来から担任との役割分担があいまいであったことや相性の良し悪しなどによりうまく機能するクラスとそうでないクラスがあったため、これを機に各学年に四名程度配置することにして特定のクラスの副担任ではなく副担任団として学年全体をサポートすることにしたのですが、後述する新型コロナウイルスへの対応などで学年会からクラスごとへの配置を求める声があがったため、年度途中からクラスごとに配置することにしました。

このように新年度に向けて新しい体制づくりを進めていたさなか、新型コロナウイルスの感染拡大により三月二日から全国の学校が一斉に臨時休業することになったのです。安倍首相が休業要請を発表したのが二月二七日、四日後の三月二日から生徒は学校に登校できなくなり、全国の学校は大混乱に陥りました。若狭高校でも学年末考査を途中で打ち切り、卒業式は卒業生と保護者のみの出席で何とか執り行いました。

当初、臨時休業は春休みまでの予定でしたので、各学校は教科書の復習などを中心に課題を郵送するなどの対応をとりましたが、休業期間が数度にわたり延長されるのにともない、学習面はもとより生活面においても生徒をどのようにサポートしていくのかということが大きな課題として浮かび上がってきました。

今、世界は加速度的な勢いで科学技術が進展し、それが国家や社会、私たちの生活に極めて大きな影響を与えています。世の中の出来事には、必ず正の側面と負の側面があり、科学技術の進展もその例に漏れません。私は、その負の側面のひとつに、「社会や人々が他人への寛容さを失いつつある」ということがあると思います。だからこそ、今の時代に本校の教育目標は大きな意義を持ち、その目標の体現者である若狭高校生と同窓生は、これからの社会を築いていくリーダーとして重要な位置を占めると考えています。

〈異質のものに対する理解と寛容の精神〉

彼の話を聞き終えた時、私の心に「授業の完全理解」という言葉が強く印象に残りました。同時に、自分に果たして彼の授業への取り組みに応えられるだけの授業ができているのだろうかと思い、自分の授業を一から見直さなければいけないと思ったのです。

〈授業の完全理解〉

定時制と全日制、この二つの課程が「異質のものに対する理解と寛容の精神を養い、教養豊かな社会人の育成を目指す」という共通の教育目標のもと、それぞれの教育活動に取り組み、地域や日本、世界を支える卒業生を輩出している、それが若狭高校です。

〈定時制について〉

私は、「誰かの力になりたい」「人の役に立ちたい」と思った時、人の能力は最大限に発揮されると思っています。

〈能力が最大限発揮される時〉

「あの時こういう決断や選択をしていれば、今の自分はこうだったかもしれない」ということを考えた上で、「これからこういう決断や選択をしていくことで、将来の自分はこうなり得るのではないか」ということを考えていく。現実の自分とあり得たかもしれない自分との分岐点について考えることで、こうありたいという未来の自分を実現していく、そういう振り返りが大切ではないかと考えています。

〈パラレルワールド〉

一つ心に留めておいてほしいことがあります。それは「誰の仕事でもない仕事」を進んで引き受けてほしいということです。

〈Agency〉

互いに認め合い協力しあえる集団では、一人ひとりの自尊感情が高まり、自分の能力を信じる力が高まります。そして、そういう集団からブレークスルー（科学技術などの飛躍的な進歩）が起きることが実証されています。このことを皆さんに当てはめて考えると、一人ひとりの希望進路を実現する上で、クラスとしてのまとまりや互いの信頼関係が、皆さんが能力を発揮する大きな後押しになるということです。

〈ＯＥＣＤ教育・スキル局長 アンドレアス・シュライヒャー氏講演より〉

「異質のものに対する理解と寛容の精神を養い、教養豊かな社会人の育成を目指す」という本校の教育目標は、豊かな教養を身に付けることを目指している点において「STEAM《スティーム》教育」の「A（Arts《アーツ》）」に通じている。

〈中央教育審議会発表〉

本校の教育目標は、生涯にわたり心に刻んで実践していくことで達成され得るものであり、卒業生の誰もが何年経っても「異質のものに対する理解と寛容」という教育目標を覚えているのは、その精神が一人ひとりの中に深く息づいているからではないかと思っています。

〈教養豊かな社会人〉

皆さんの中に、もし「やる気」が出ずに困っている人がいるようでしたら、そもそも脳は身体からの刺激がなければ「やる気」など起きないわけですから、ぜひ、まずは身体を動かす（机に向かう）ことから始めてください。見方を変えると、できる人は「やる気」ではなく身体に従っているということです。

〈脳は身体に従う〉

この正解のない問いに対して、意見の異なる他者を尊重し、丁寧に議論して合意形成を図るという民主主義のあり方は、「異質のものに対する理解と寛容の精神」そのものではないかと思うのです。

〈教養について〉

これからの水産教育には、海を開発し利用するだけではなく、これ以上海洋が汚染されることを食い止め、多様な資源と生態系を守り育てていくという大きな使命が課せられています。その先頭に立ち、日本はもとより世界のリーダーとして海を拓いていくのが、海洋科の生徒の皆さんであり、それを支える先生方なのです。

〈海を拓く〉

異質のものに対する理解と寛容の精神

入学式式辞

Apr. 8
2019

本日は、福井県立若狭高等学校のホームページをご覧くださり、ありがとうございます。平成三一年四月一日に校長として着任いたしました中森一郎です。どうかよろしくお願いいたします。

今日は校長としてのファーストメッセージとして、平成三一年四月八日（月）に挙行いたしました平成三一年度入学式式辞を紹介します。今後も、生徒の皆さんへの話や本校の現況等についての報告など、折に触れて紹介させていただきますのでどうかよろしくお願いいたします。

■「異質のものに対する理解と寛容の精神」（入学式式辞）

三一年間続いた平成の時代もまもなく終わりを迎え、新元号「令和」による新しい時代が幕を開けようとしています。「令和」という元号は、日本最古の歌集である万葉集の「梅花の歌三十二首併せて序」よりとられたものです。

太宰府の長官である大伴旅人の館に人々が集い、初春の良き月と穏やかな風のもと、明け方の山の峰を雲が流れていく様子や生まれたばかりの蝶が庭を舞う様子など自然を愛でながら、梅の花を題材に和歌を詠み酒宴を催すという誠に美しい情景を描写した場面の中から、良いという意味を表す「令」と穏やかという意味を表す「和」という言葉を選んで作られました。

古くから自然を愛し自然とともに生きてきた日本人の心の在り方を映し出すような美しい元号だと思います。

入学にあたり、私から若狭高校の歴史と本校の教育目標についてお話ししたいと思います。本校は、一七七四年、小浜藩校である「順造館」を始まりとし、一八九七年（明治三〇年）を創立の年と定めて、今年創立一二二年目を迎える、県下でも有数の歴史と伝統を誇る学校です。同窓生は既に三万名を超え、地域や県内はもとより日本そして世界各地で活躍しています。その同窓生の誰もが大切に心に刻んでいるのが、「異質のものに対する理解と寛容の精神を養い、教養豊かな社会人の育成を目指す」という本校の教育目標です。

この目標は、一九四九年（昭和二四年）に本校が現在の形として新たにスタートした時に、初代校長の中野定雄先生とディーン（指導部長）の鳥居史郎先生を中心に定められ、以来今日まで七〇年にわたり若狭高校の教育の根幹をなしてきました。本校の教育活動はすべてこの目標のもとに行われています。

この目標が定められた一九四九年（昭和二四年）は、第二次世界大戦が終わった四年後であり、中野先生と鳥居先生は、世界の平和と人類の共存を心から願い、その願いを後に続く若狭高校生に託してこの「異質のものに対する理解と寛容の精神」という目標を掲げられました。「異質のもの」というのは、自分以外の他者を表します。お二人の先生は、「他者への理解と寛容の精神」があってこそ、世界の平和と人類の共存は成立し、この精神を養うために、「教養」を身に付けることが大切であるとお考えになりました。そして、具体的に三つの身に付けるべき力をお示しになったのです。

一つ目は、「知性を磨く」ことです。知性とは、この世の中のさまざまなことについて深い興味を持ち、それらを理解するために学び続ける姿勢のことです。各教科の内容について学ぶことはもちろんですが、身近な日常生活や社会におけるさまざまな出来事に疑問や関心を持ち、その原因や理由、解決方法などを考えていくことにより「知性」は磨かれていきます。

二つ目は、「感受性」を育むことです。感受性とは、美しい自然を見てふっと心が動いたり、家族や友人との何気ない会話や、ちょっとした気遣いに温かい気持ちになったり、感謝の気持ちを抱いたりする繊細で豊かな心の働きのことです。

相手の考えや気持ちを理解し、その人のことを自然と認めることができるような心の在り方は「感受性」の豊かさによるものです。

三つ目は、そうした「知性」や「感受性」を身に付けたり、表現したりするために必要な「行動力」です。どれほど素晴らしいことを考えたり感じたりしても、それを具体的な行動で示さなければ、世の中に役立てていくことはできません。学んだことや感じたことをどのように表現すれば、より確かに自分の考えや思いを相手に伝えられるのか。皆さんには、本校のさまざまな教育活動に積極的に参加し行動することを通して、自分の考えや思いを発信する方法を身に付けてほしいと思います。

今、世界は加速度的な勢いで科学技術が進展し、それが国家や社会、私たちの生活に極めて大きな影響を与えています。世の中の出来事には、必ず正（プラス）の側面と負（マイナス）の側面があり、科学技術の進展もその例に漏れません。私は、その負の側面のひとつに、「社会や人々が他人への寛容さを失いつつある」ということがあると思います。

そして、だからこそ、今の時代に本校の教育目標は大きな意義を持ち、その目標の体現者である若狭高校生と同窓生は、これからの社会を築いていくリーダーとして重要な位置を占めると考えています。

皆さんには、ぜひいつもこの教育目標を心に置いて、日々の学習や部活動、さまざまな行事に積極的に取り組み、「知性」を磨き、「感受性」を育み、「異質のものへの理解と寛容の精神」を養って、「教養豊かな社会人」として、これからの世界、日本、そして若狭地域のリーダーとして社会に貢献するという自覚と誇りを持ってほしいと思います。

授業の完全理解

一学期始業式式辞

Apr. 9 2019

新任式の挨拶で「新しい出会い」を大切にしましょうという話をしました。早速ですが、私自身が大きく変わるきっかけをくれた「ある生徒との出会い」の話をしたいと思います。

かつて私が若狭高校で担任をした生徒の話です。

今も昔も、多くの若狭高校生が勉強と部活動の両方に一生懸命取り組み、部活動の加入率は九〇%を超えています。そして、ほとんどの皆さんが毎日部活動を終えて疲れた体で家に帰り、家庭で机に向かっていることと思います。

新入生のみなさんも、まもなくそうした生活が始まり、私の話を実感することと思います。

私が担任をしたその生徒もそうでした。彼は電車通学生で運動部に所属していたので、家に着くのはいつも二〇時を過ぎ、家庭での学習時間がほとんどとれない毎日を過ごしていました。

そんな彼が、面談の時に私にこんな話をしてくれたのです。

「僕は、家に帰ると疲れ果てて家庭学習が三〇分しかできません。だから僕にとって、毎日の一時間一時間の授業が全てです。僕は五〇分の授業の間、先生の話される内容を一言も聞き漏らさないよう心がけています。そして、その授業の学習内容を完全に理解し、わからないことがひとつもないようにしています。もしわからないことがあれば、その場ですぐ先生に質問して理解しています。僕にとっては授業で分からないことが出てくるということが何より恐ろしいことです。授業中寝ることなんて考えられません」

彼の話を聞き終えた時、私の心に「授業の完全理解」という言葉が強く印象に残りました。そして、同時に、自分に果たして彼の授業への取り組みに応えられるだけの授業ができているのだろうかと思い、自分の授業を一から見直さなければいけないと思ったのです。

この一時間でどのような力をつけるのか、そのためにどのような教材を用意し、どのように授業を組み立て、どのような問いを投げかけるのか、彼のことを考えれば、一分一秒も無駄にすることはできない、そういう思いで一時間一時間の授業を行うよう心がけました。彼は三年間部活動をやりきり、見事第一志望校に合格しました。私も自分の授業を変えることができたと思います。

これは彼の話ではありません。ここにいる皆さん自身の話です。

だからこそ、皆さんには、彼のように一時間一時間の授業を何より大切にしてほしいと思います。

生徒の皆さんも、先生方も、明日から始まる授業にどういう気持ちで臨むのか、私との出会いを機に考えてみてください。一年間、本気で授業を大切にすれば、必ず皆さんは大きく変わります。一人ひとりの授業への取り組みが変われば、クラス全体の雰囲気も大きく変わることでしょう。

そして、それが学校全体を大きく変えていくことになると思います。

先生方には、四月最初の職員会議でなるべく授業を見に行かせてもらうことをお願いしています。できる限り授業を見せてもらって、私も皆さんと一緒に授業について考えていきたいと思います。

「授業の完全理解」。教師としての私を変えた言葉、私が大切にしている言葉を紹介して、始業式の挨拶とします。

定時制について

May 1
2019

今回は定時制について紹介したいと思います。

定時制の沿革

本校の定時制は昭和二三年に発足し、中心校を小浜に、分校を高浜と中名田に設置しました。翌二四年には県立遠敷《おにゅう》高等学校の定時制三方分校、上中分校と合併して現在の若狭高校定時制としてスタートし、今日に至っています。平成二二年からは、単位制・二学期制となり、三年間での卒業も可能となりました。また、平成二九年からは昼間定時制への移行が始まり、令和二年に完全移行となります。

卒業生による支援

この間七〇年にわたり、定時制は地域社会を支える多くの素晴らしい卒業生を輩出してきました。そして、その卒業生の方々で組織された「若狭高校定時制振興会」、「若狭高校定時制を励ます会」が、今日まで定時制を温かく支援してくださっています。定時制を支援してくださる多くの皆様に、この場をお借りして、あらためてお礼を申し上げたいと思います。本当にありがとうございます。

一人ひとりを大切にする教育

私自身も平成二五年から三年間、教頭として定時制に勤務し、本校の定時制教育の素晴らしさを身をもって実感してきました。定時制は、生徒一人ひとりの成長を温かく支援する学びの場です。先日の離任式でも、離任される先生方の話を、生徒の皆さんが時には笑顔で、時にはうなずきながら聞いている様子を見て、あらためて先生方と生徒の皆さんのつながりの深さ、信頼の深さを実感しました。

全日制と合同実施の学校祭

本校の学校祭は、全日制と定時制が合同で実施します。定時制は、クラス企画と垂れ幕に参加するとともに、定時制食堂を開店し、手作りのおいしいカレーライスやおにぎりなどを販売して、来校者や生徒の皆さんの憩いの場となっています。また、毎年、この定時制食堂の売り上げ金の一部で車椅子などの福祉器具を購入して、小浜市の社会福祉協議会などに寄贈しています。

二五年以上にわたるボランティアへの取り組み

この福祉器具の寄贈は、平成四年に難病の生徒が入学してきたことをきっかけに、生徒会が中心となり障害のある方を支援する活動に取り組むようになって以来、二五年以上にわたり継続されてきました。それとあわせて、すべての生徒が障害者の方の買い物を支援する「買い物ボランティア」などのボランティア活動にも取り組んでおり、生徒はこうした活動を通して教育目標である「異質のものに対する理解と寛容の精神」を身に付けていきます。

定時制と全日制、この二つの課程が「異質のものに対する理解と寛容の精神を養い、教養豊かな社会人の育成を目指す」という共通の教育目標のもと、それぞれの教育活動に取り組み、地域や日本、世界を支える卒業生を輩出している、それが若狭高校です。

ＪＡＸＡ宇宙日本食として認証された「サバ缶」

May 12
2019

平成三〇年一一月一二日、本校海洋科学科の生徒たちが開発した「鯖醤油漬け缶詰」をＪＡＸＡ宇宙日本食として認証する認証式が、ＪＡＸＡ理事の若田光一宇宙飛行士をお招きして本校で行われました。

ＪＡＸＡ（Japan Aerospace eXploration Agency 宇宙航空研究開発機構）は、日本の航空宇宙開発政策を担う研究開発機関です。最近では「はやぶさ２」による小惑星リュウグウへの着地などが話題となっています。

サバ缶の製造は、明治二八年に福井県簡易農学校水産科が遠敷郡雲浜村に設置され、若狭地域の魚介類で缶詰を製造したことが始まりです。（小浜水産高校はこの明治二八年を創立年とし、昭和二四年に若狭高校水産科に、昭和二八年に小浜水産高等学校となりました。平成二七年三月に若狭地区の学校再編により一一九年にわたる歴史に幕を閉じました。若狭高校に設置された海洋科学科がその伝統を受け継いでいます。）

小浜水産高校では、水産加工業を担う人材育成を目的に年間一万個ほどのサバ缶を製造しており、地元の人々からは身近な食品として長く親しまれてきました。私の祖父が製造科の教員だったこともあり、私にとってもサバ缶は身近な食品として幼い頃からよく食べていたことを覚えています。

その身近なサバ缶の可能性が大きく広がるきっかけとなったのが、平成一八年にサバ缶の製造工程が宇宙食製造の食品管理基準であるHACCP（ハサップ）を取得した際に、生徒の一人が発した「私たちのサバ缶を宇宙に飛ばせるのでは」という一言です。この一言が、サバ缶の宇宙日本食への道を開きました。

その後平成二四年まで小浜水産高校の生徒二一〇人が研究開発に取り組み、平成二五年からは若狭高校が引き継いで、海洋科学科の生徒一〇三名が研究開発に取り組んできました。小浜水産高校時代から始まった研究開発は一二年間にわたり、のべ三一三名の生徒と担当の先生方による地道で着実な取り組みにより、平成三〇年一一月一二日に宇宙日本食として認証されることになったのです。

そして、現在も海洋科学科の生徒たちがよりおいしく安全なサバ缶を作ろうと日々研究を重ねています。材料となるサバは地元田烏《たがらす》の養殖サバ（酔っ払いサバ）を用い、宇宙で中身が飛散しないように熊川葛を混ぜて粘度を高める工夫をするとともに、宇宙での味覚の変化を考えて味付けを濃くしています。

　こうした工夫の結果、味についても若田光一さんが「こんなおいしいサバ缶は初めて！」と絶賛する素晴らしい出来映えとなっています。

　小浜水産高校時代から長く継承されてきた伝統的な製造方法に最新の衛生管理の手法を導入し、地元の食材を活用して世界に一つしかないサバ缶を作り上げた多くの皆さんのこれまでの取り組みに心からの敬意と感謝を表するとともに、近い将来、みんなの夢と希望を込めたサバ缶が宇宙に飛び立つことを大いに期待しています。

能力が最大限発揮される時

春季総体を終えて

June 4
2019

先週末から開催されていた福井県高等学校春季総合体育大会が終了しました。三年生にとって集大成となる今大会、選手の皆さんは並々ならぬ思いで試合に臨んだことと思います。厳しい戦いを勝ち抜き、見事北信越大会への出場を決めた選手の皆さん、本当におめでとうございます。北信越大会でも、福井県代表として思う存分戦ってきてください。

また、惜しくも上位進出を果たせなかった選手の皆さん，本当にお疲れさまでした。二年二か月の部活動で身に付けた技と力を余すところなく発揮できましたか。負けてしまった試合には、どうしても悔いが残りますが、気持ちを切り替え、希望進路の実現に向けて新たな一歩を踏み出してほしいと思います。部活動をやりきった生徒はその後ぐっと伸びます。部活動で培った集中力や忍耐力が今後の学習の推進力になるからです。皆さんがこれまで打ち込んできた部活動が、これからは皆さんを支える背骨となります。自信を持って自分自身の進路を切り開いてください。

皆さんが新たな一歩を踏み出すにあたり、一つ伝えたいことがあります。それは、人の能力が最大限に発揮されるのはどのような時かということです。皆さんは、どう思いますか。

私は、「誰かの力になりたい」「人の役に立ちたい」と思った時、人の能力は最大限に発揮されると思っています。例えば、困っている人を見かけた時、助けたいと思う気持ちが自然に湧き起こり、声をかけたり、手助けしたりした経験は誰にもあるのではないでしょうか。メディアでも毎日のように（時にはわが身の危険を顧みず）困っている人を助けたという報道がなされています。

人類への貢献が重要な選考基準であるノーベル賞においても、受賞者の多くが、自分のためよりも人のために、という強い思いで研究に打ち込み、苦難を乗り越え顕著な成果を上げています。こうしたことを考えると、人は誰かのために行動する時に、最大限に能力を発揮することができると言えるのではないでしょうか。ですから、皆さんには、ぜひ進路を選択するにあたり、「誰かの力になれる」「人の役に立てる」という観点を大切にしてほしいと思います。

そして、それは、本校の教育目標である「異質のものに対する理解と寛容の精神」とも深いところでつながっているのです。

二条院讃岐《にじょういんのさぬき》と小野篁《おののたかむら》

June 18
2019

今回は「百人一首」についての話です。
以前、一般の方を対象に百人一首の講座を持つ機会があり、その準備のために百人一首にゆかりのさまざまな場所を訪れ、自分の目で見たり、言い伝えを知る方に話を聞いたりして、百人一首の面白さや奥の深さにあらためて気づくことができました。今回はその中から地元と関係の深い二人の歌人について紹介したいと思います。

一人目は、二条院讃岐です。百人一首では恋の歌として九二番目に出てきます。

わが袖は潮干に見えぬ沖の石の人こそ知らね乾く間もなし
（わたしの袖は干潮の時も見えない沖の石のように、人は知らないでしょうが、涙に濡れて乾くひまもありません）

小浜市田烏にある永源寺は、一一九三年に二条院讃岐が建立したとされ、讃岐のご位牌が納められています。住職の松島さんによると、当時若狭の国は讃岐の父である源頼政の領地であったことから、源氏の繁栄が永く続くことを願い、永源寺と名づけられたそうです。

また、美浜町にある「水生寺」には、源頼政のご位牌が納められています。訪ねると庭の石碑に源頼政の辞世の句が彫られていました。

埋もれ木の花咲くこともなかりしに身のなる果てぞ悲しかりける

（埋もれ木の花が咲くことがないように、私の生涯もときめくこともなく、その身の最期もまた悲しいことだ）

源頼政は以仁王と平氏打倒を企てましたが、事前に発覚して宇治平等院で自害しました。辞世の句からは、頼政の無念の思いが伝わってきます。

二人目は、小野篁です。百人一首では羇旅《きりょ》（旅）の歌として一一番目に出てきます。

わたの原八十島かけて漕ぎ出でぬと人にはつげよあまの釣船
（海上はるか多くの島々をめざして船出したとあの人には知らせてください、漁師の釣り船よ）

若狭町の無悪《さかなし》には、小野篁が無実の罪で嵯峨天皇の怒りに触れて隠岐に流罪となり、その帰路、暴風のため若狭湾に漂着し、無悪で三年間を過ごしたという言い伝えがあります。

この歌は、まさに篁が隠岐に流されようとしている時の悲しみの歌であると言われています。


小野篁には、さまざまな伝説があります。よく知られているのは、夜ごと井戸を通って地獄に降り、閻魔大王のもとで裁判の補佐をしていたという伝説です。京都市東山にある「六道珍皇寺」には篁の像が閻魔大王の像とともに祀られ、篁が冥土へ通うのに使ったという井戸があります。

また、京都市北区紫野には、篁と紫式部のお墓が並んで建てられています。これは、紫式部が源氏物語の中でさまざまな男女の関係について物語ったことにより、当時の人々の心を惑わせた罪を問われ、地獄に落とされそうになったのを篁が救ったという伝説によるものです。

紫式部は、武生《たけふ》で数年間娘時代を過ごしており、福井県には馴染みの深い人物です。式部と篁が思いもよらぬところでつながっていることが興味深く、今回紹介しました。

第六〇回校内合唱コンクール

July 9
2019

一学期期末考査が終わり、校内の至る所から生徒たちの合唱練習の声が聞こえてくる時期になりました。若狭高校の最初の大きな行事である合唱コンクール。私は、生徒たちの歌声が聞こえてくるこの練習風景が大好きです。最初は音取りから始まりたどたどしかった歌声が、次第に曲らしく美しくなっていき、それにともないクラスや色のまとまりも確かなものになっていく、その様子を生徒の皆さんの歌声や笑顔を通して感じることができるとても素晴らしい行事だと思っています。

本校の合唱コンクールは、今年度第六〇回を迎えます。私が若高生であった頃は縦割りホーム制をとっており、小体育館にござを敷いて各ホーム（全三五ホーム）の合唱七〇曲（課題曲と自由曲の二曲）を聴き、ホーム対抗で順位を競うというものでした。私が所属していた二二ホームも合唱に力を入れており、指揮者を中心に懸命に練習したことを今でもよく覚えています。

縦割りホーム制は「異質のものに対する理解と寛容の精神を養い、教養豊かな社会人の育成を目指す」という本校の教育目標を達成するための手立てとして昭和二四年に導入され、平成五年度末に廃止されるまで、四五年間にわたり本校教育の根幹をなしてきました。全国的にも他に一校だけが一時期ホーム制をとっていただけで、まさに唯一無二の教育実践であったと言えます。

平成六年度からのクラス制移行の際に、教育目標達成のために、ホーム制の良さである異学年・異学科の生徒がともに力を合わせて学び合い認め合う「縦割り」を生かした教育活動を取り入れることとし、合唱コンクールや学校祭、体育祭などを「縦割り色別行事」として行うこととしたのです。

クラス制に移行して今年で二六年目を迎えますが、「縦割り色別行事」は、本校の伝統として定着し、全校生徒が九色に分かれ、それぞれの色が「色長」を中心に力を合わせ各行事に臨んでいます。

合唱コンクールにおいても、色ごとに歌う課題曲とクラスごとに歌う自由曲の総合点で九色の順位を競うこととしています。

今年の課題曲はRADWIMPSの「正解」。先日生徒会室に行き、執行部の皆さんにお願いして曲を聴かせてもらいました。一度聴いただけで心に残る素敵な曲だと思います。

校長室から見える中庭からは、まもなくすると各色が歌うそれぞれの「正解」が聞こえてくることでしょう。各色、各クラスがどのような合唱を作り上げるのか、今から本当に楽しみです。

第一〇一回全国高校野球選手権福井県大会

July 17 2019

第一〇一回全国高等学校野球選手権福井大会が始まりました。七月一一日（木）に福井県営球場で開会式を行ったあと、七月一三日（土）から熱戦が繰り広げられています。開会式では、本校野球部主将の小林久也君が心に残る素晴らしい選手宣誓を行いました。小林主将の、そして本校野球部員の、野球への思いを込めた宣誓を紹介します。

宣誓

今、令和という新しい時代と共に、高校野球の新たなスタートとなる第一〇一回全国高等学校野球選手権大会が始まろうとしています。

一〇〇回分の歴史と伝統、一〇〇回分の野球を愛する人たちの思い。それがあるからこそ、私たちは今、こうして野球に打ち込むことができています。すばらしい軌跡を残して下さった先輩方に対する感謝の思いを胸に、これからの一〇〇年の高校野球の歴史と、新しい時代を切り開いていくことを今ここに誓います。

そして、これまでの野球人生で培ってきた心と体、無我夢中に努力してきた自分への自信を土台として、正々堂々と高校球児らしく最後まで戦い抜くこと、応援して下さる多くの皆さんに感動を与えられるようなプレーをすることを誓います。

令和元年七月一一日

選手代表　若狭高等学校野球部　主将　小林久也

「これまでの野球人生で培ってきた心と体、無我夢中に努力してきた自分への自信を土台として、正々堂々と高校球児らしく最後まで戦い抜」き、勝利してくれることを心から祈念しています。

若狭高校野球部、行くぞ甲子園！

パラレルワールド

一学期の終わりに

July 17 2019

早いものでもう一学期が終わろうとしています。今回は一学期を振り返って話をしたいと思います。

最初は授業についてです。始業式で皆さんに「授業の完全理解」という言葉を紹介し、一時間一時間の授業を大切にしましょうという話をしました。また、私自身もできるだけ授業を見て回り、各クラスの授業中の雰囲気や各先生の授業の進め方等についておおよそ把握することができました。

授業見学を通して何より実感しているのが、授業は教員と生徒、生徒と生徒が互いを認め合い、尊重しあって作り上げるものであり、相互の信頼関係が大切であるということです。私が見た授業はどれも信頼関係ができており、落ち着いて学習できる環境にあると考えています。六月には、全ての教員が四、五人のグループに別れ、互いに授業を見て授業研究を行うなど授業改善にも努めています。生徒の皆さんも授業内容について疑問点があれば納得いくまで質問するとともに、授業への要望等があれば遠慮なく聞かせてほしいと思います。

次に生徒の皆さんの時間の使い方についてです。

六月に部活動の練習時間の見直しについて生徒の皆さんに話をしました。主な内容は二点あり、一点目は、一週間のうち平日一日、土日に一日の計二日部活動の休養日を設けるので、部活動をより効率的に行えるよう工夫してほしいこと、二点目は、週二日の休養日を有意義に過ごしてほしいことです。

その後一か月あまりが経ちました。部活動の見直しは順調に進んでいますか。また休養日は有意義に過ごせていますか。高校の学習は質、量ともに多く、授業だけで学習内容を定着させることはできません。予習・復習はもとより、より発展的な内容についても自主的に学習するなど、自立した学習者として学び続ける人になってほしいと思います。

最後に振り返りの大切さについてです。皆さんは、日々の授業で振り返りをしていることと思いますが、その振り返りをその後の学習にどのように生かしていますか。振り返りは授業に限ったことではなく、テスト後や部活動終了後、学期末などにも行いますが、それをどう生かすかにより、その後の学校生活やその先の人生が大きく変わっていきます。

「パラレルワールド」という言葉を聞いたことがあるでしょうか。おおよその意味は「今いる現実世界から分岐したもう一つの世界が並行して存在する」ということです。例えば村上春樹の小説「1

Q84」では、主人公は今いる現実世界と月が二つあるもう一つの世界とを行き来します。

また、「1Q84」のモデルとも言われるジョージ・オーウェルの小説「1984年」では、この小説が発表された一九四九年から三十五年後の一九八四年の世界を現実の世界とは大きく異なるもう一つの世界（パラレルワールド）として描いています。

こうした小説は、歴史や人生の分岐点でどのような選択をするのかにより、その後の世界や人生が全く違うものになり得るということをテーマの一つとしており、それはそのまま私たちの人生にも当てはまるのではないかと思います。

高校時代は、まさに人生の分岐点です。今日の授業や部活動の振り返りを明日にどのように生かしていくのか、一学期の振り返りを夏休みや二学期にどのように生かしていくのか、その決断と選択により、皆さん一人ひとりの今後の学校生活や人生の有りようが大きく変わっていくことになります。

「あの時こういう決断や選択をしていれば、今の自分はこうだったかもしれない」ということを考えた上で、「これからこういう決断や選択をしていくことで、将来の自分はこうなり得るのではないか」ということを考えていく。現実の自分とあり得たかもしれない自分との分岐点について考えることで、こうありたいという未来の自分を実現していく、そういう振り返りが大切ではないかと考えています。

STEAM《スティーム》教育

一学期終業式式辞

July 23 2019

今日は七月十二日（金）に行われた合唱コンクールについて話をします。
合唱コンクール、各色・各クラスの一曲一曲がどれも素晴らしかったです。その中で、特に感心したことが三つあります。

一つめは、各色・各クラスのハーモニーがとても美しかったことです。特に三年生のクラス合唱は、一人ひとりが曲をよく理解して、自分たちの合唱を作り上げようと心を合わせて練習してきた成果が美しいハーモニーとなって表現されており、心が震えるような感動を覚えました。

二つめは、皆さんの鑑賞する態度の素晴らしさです。曲が始まると耳を澄ませて曲に聞き入り、終了後は温かい拍手を送る、皆さんは素晴らしい聴衆でもありました。審査員の先生方も感心しておられました。

三つめは、二つめとも関連しますが、皆さんが互いに認め合い、称え合う姿を随所に見ることができたことです。合唱が終わるごとに送られる温かい拍手や、閉会式で互いの健闘を称え合う様子、一位となった三年二組のアンコールに聴き入る様子を見て、順位や結果以上に大切なことを皆さんが自然に共有されていることを本当に嬉しく思いました。

素晴らしい合唱コンクールを創りあげた皆さんをあらためて称えたいと思います。

さて、今後ＡＩの導入が進む世界にあって、「いかに人間を大切にしていくか」という視点から、現在、欧米を中心に「芸術」教育の大切さが再認識され、「STEAM《スティーム》」教育が推進されています。聞きなれない言葉ですが、日本でも取り入れる学校が増えてきていることから紹介したいと思います。

「STEAM」は Science《サイエンス》（科学）、Technology《テクノロジー》（技術）、Engineering《エンジニアリング》（工学）、Arts《アーツ》（芸術）、Mathematics《マテマティクス》（数学）の五つの頭文字をとった造語で、その言葉通りこの五つの分野に関する教育を推進することで「人間を大切にする」社会を築く人材を育成することを目標としています。

ここでいうArts《アーツ》は、芸術以外にも教養や文学といった意味を含んでおり、他の四つの分野と関連付けて学ぶことにより一層の教育的効果が期待されています。例えば、数学的能力は音楽教育との高い相関が見られることや、絵画について学ぶことで空間的な知覚能力が育成され科学的な観察力が養われること、演劇のトレーニングが記憶力や言語能力の向上に役立つことなどは、皆さんも経験的に実感できるのではないでしょうか。

こうしたことを念頭に置いて本校の教育を見つめ直してみると、私は芸術の授業や文化部の活動はもとより、合唱コンクールや学校祭などの行事も、まさにArtsにあたるのではないかと思うのです。また、Artsには「教養」という意味も含まれることから、Artsは、本校の教育目標である「教養豊かな社会人の育成」とも関わっています。

そして、この目標達成のための教育活動の一つである合唱コンクールにおいて皆さんが見せてくれた姿、最初に述べた、「心を一つにした美しいハーモニー」や「聴衆としての素晴らしさ」、「お互いを認め合う関係」という三つのことは、「教養」が形として皆さんの行動に表れたものであると考えています。また、本校はSSH校として科学技術人材の育成にも取り組んでいることから、本校の教育は今後到来するAI社会においてリーダーとして「人間を大切にする」人材を育成する「STEAM《スティーム》」の教育理念と多くの点で重なっているのです。

今日は、学校祭の打ち合わせの時間がありました。各色・各クラスがしっかり準備を進めてArtsとしての素晴らしい学校祭を創りあげてください。これから始まる夏休みを、一人ひとりが目的を持って、学習や部活動、ボランティア活動にと有意義に過ごしてください。

三六日後、二学期始業式で、一回り成長した皆さんとお会いできることを楽しみにしています。

同窓会（青戸会）について

July 30
2019

今回は、同窓会（青戸会）についての話です。

本校では毎年八月に同窓会総会を開催しています。同窓生の皆様のお手元に案内の文書が届いていることと思いますので、ぜひ多くの方にご出席いただければと思っています。

本総会に先立ち、五月一二日（日）には東京の品川プリンスホテルにおいて、同窓会長の中野貴耀様、関東青戸会会長の小林栄三様はじめ多くの皆様のご出席を賜り、関東青戸会総会が盛大に開催されました。会員の皆様の母校を愛するお気持ちに触れ感激するとともに、本校のさらなる発展のため力を尽くす決意を新たにしたところです。

また、宮内庁病院看護師長をお務めになり、現在、和文化教養塾「和 yawaragi 塾《やわらぎじゅく》」を主催されておられる鯖江市出身の中川直美様を講師としてお招きし、「日本人とお辞儀」というテーマでご講演いただきました。中川様は「ふるさと先生」として、県内の各学校で授業をされておられます。

中川様のお話を伺い、あらためて「お辞儀」の作法やそこに込められている意味、日本人としての美しい挙止動作のあり方について学ぶことができました。

当日は霞ヶ関ビルにおいて、小浜水産高校の同窓会である麗水同窓会関東支部の第六五回定期総会も開催され、山口貞夫名誉会長様、山前勝支部長様はじめご出席の皆様より、海洋科学科に対して激励のお言葉とご厚志とを頂戴いたしました。

来る九月二八日（土）には烏丸京都ホテルにおいて「関西青戸会」（会長 出口源太様）が開催されます。関西方面にお住まいの皆様には、ぜひご出席くださいますようお願い申し上げます。

同窓会の皆様からは、日頃より本校の教育活動に対しまして、多大なるご支援を賜っております。二年前の若狭高校創立一二〇周年の際には、記念事業として「青戸会給付奨学金制度」の創設や、普通教室への壁掛け式プロジェクターの設置など、進学する生徒への支援や校内の学習環境整備等に多くのご支援を賜りました。詳しくは、同窓会機関誌である「青戸一九号」に記載されていますので、目を通していただければと思います。

そのほかにも、優秀な成績を収めた部活動に対する「部活動奨励金給付制度」や、学業やボランティア活動、生徒会活動等で顕著な活躍が認められた生徒に対する「杉田玄白記念賞」など、さまざまな制度を設けてご支援いただいております。

さらに、卒業二〇周年や三〇周年、四〇周年等を迎えられた皆様からは、毎年のようにご厚志をいただいております。

こうした同窓会の皆様の物心両面にわたる温かいご支援に対しまして、この場をお借りしてあらためて深く御礼申し上げます。

さて、本校では、ＳＳＨ事業等により、毎年多くの生徒が海外研修や国際会議等に参加しており、こうした生徒の負担を少しでも軽減して、より多くの生徒が海外研修や国際会議等に参加できるよう支援したいと考えています。

同窓会の皆様におかれましては、こうした状況をご理解くださり、後輩たちのために今後ともご支援を賜りますようお願い申し上げます。

つきましては、本校のホームページでもご紹介させていただいておりますように、ふるさと納税、「ふるさとの母校応援プロジェクト」を活用し、本校を指定してご寄付くださいますよう、重ねてお願い申し上げます。

若狭高校同窓会の益々のご発展を祈念いたしまして、紹介を終わります。

人はどういうふうに学ぶのか

三年生進学合宿

Aug. 6
2019

皆さん、おはようございます。私から勉学に打ち込む皆さんに激励の言葉を贈ります。
皆さんがこれから生きていく社会では、世界各国の人々と交流することが多くなります。その際、大切になってくるのが、人々に対する礼節の態度、礼儀正しさ（decency《ディセンシー》）です。互いに尊重し合い、友好的な関係を結べるよう、立ち居振る舞いや言葉使いに気を付けてほしいと思います。社会に出る以前に、ここにいる皆さんの中には、入試で面接やプレゼンテーションなどがある人がいると思います。入試に備えて今から立ち居振る舞いや言葉使いを意識して過ごしてください。その手始めに、今回の合宿では九〇分間集中して学習できる身体を作ってほしいと思います。例えばセンター試験の国語は八〇分ですが、二次試験になるとさらに時間が長くなります。最低でも九〇分間集中できるよう自分自身の身体を躾けてください。

さて、一昨日、アクティブラーニングの会議で上智大学総合人間科学部教授の奈須正裕先生の話を聞く機会がありました。その中で奈須先生は、授業をする際には、「人はどういうふうに学ぶのだろう」という視点に立って考えることが大切であり、「子どもは紙コップや白紙ではないのだから知識は注入できない」「子どもは自分の知識と関連付けて学んでいく」という話をされました。古典文法を例にとると、皆さんは一年生の時に授業で習いますが、かなりの人が十分理解できないまま今日に至っているのではないでしょうか。私たちが古典文法の知識を注入しようとしてもなかなか定着せず、皆さんが自ら学ぼうとする時になって初めて定着することが多いと思います。大切なのは「自分でコップに水（知識）を入れること」と「関連付けて学ぶ」ことです。

この合宿では、皆さんが自分自身で問題集等を用意して学習しています。これはまさに「自分でコップに水（知識）を入れること」にほかなりません。

また、例えば単語を覚える場合には、単語だけを覚えようとせず、文脈の中で覚えたり対義語とセットで覚えたりするなど「関連付けて」学ぶと効果が上がります。歴史や地理についても同じことがいえるでしょう。

「関連付けて学ぶ」ということについては、解説を読むことも大切です。解説には、問題と関連する重要なことが書かれていますから、解説を丁寧に読むことが知識や内容の理解と定着に何より役立ちます。今回の合宿を機に、「自分でコップに水（知識）を入れる」ことと「関連付けて学ぶ」ことをぜひ意識して実践してください。

四月当初に、進路部長の山口秀樹先生から昨年の三年生は自分ですべきこと、しなくてはならないことを考えて学習することで、例年以上に第一志望に合格した生徒が多かったという話を聞きました。先輩も自分で自分のコップに水を入れていたのです。

次に今後の学習について話をします。この合宿では、自ら学ぶ習慣を身に付けることを目的としていますが、二学期以降はお互いに教え合うことも大切にしてください。わからないことを質問すること、質問されたことに答えることにより「関連付けられ」て学習内容が定着します。先生に聞く前に身近な友人に聞くことの方が、聞く方にとっても、教える方にとっても効果があるのです。

最後に娘の話をします。娘は化学がわからなくて悪戦苦闘していましたが、センター試験が終わってしばらくたったある日を境に「化学がわかる、問題が解ける」ようになりました。学んだことがすぐには結果に表れないかもしれません。でも諦めずに学び続けることで知識や内容が蓄積され自分のものとなって、ある日を境に「わかるように、できるように」なります。今わからなくても、諦めずに学び続ければ必ずわかる時が来ます。その時までみんなで励まし合い、学び合っていきましょう。以上で私の話を終わります。

Agency《エージェンシー》

二学期始業式式辞

Aug. 27 2019

二学期の始まりにあたり私から二つのことをお話ししたいと思います。

一点目は学校祭についてです。一学期の終業式でSTEAM《スティーム》教育について話をしました。STEAMとはこれからの社会で特に重要とされる五つの学問分野、Science、Technology、Engineering、Arts、Mathematicsの五つの頭文字を組み合わせた言葉であること、そして学校祭がまさにArtsとしての意味を持っていること、またArtsには芸術や文学、教養といった意味が含まれ、本校の教育目標ともつながっているという話をしました。各色・各クラスのそれぞれの部門や企画において、他の四つの分野（STEM）も取り入れたArts《アーツ》としての学校祭を創り上げてほしいと思います。

学校祭準備にあたり、一つ心に留めておいてほしいことがあります。それは「誰の仕事でもない仕事」を進んで引き受けてほしいということです。

皆さんは、それぞれの部門や企画で役割を分担して準備を進めていることと思いますが、その中で必ず「その仕事は誰が担当するのか」という、当初は想定していなかった仕事や役割が出てきます。その時に、「それは自分の担当ではないから知らない」と考えるのか、それとも「担当ではないが引き受けよう」と考えるのかでその仕事の進捗や完成度が大きく変わってきます。

このことは、学校だけにとどまりません。社会においても仕事を円滑に進めるために、誰かがこの「誰の仕事でもない仕事」を引き受け、仕事と仕事、人と人とをつないでいるのです。

皆さんの中で、一人でも多くの人が「誰の仕事でもない仕事」を引き受け、仕事と仕事、人と人とをつないでくれることを期待しています。

二点目は、本校が国から研究指定を受けているOECD・イノベーション・スクール・ネットワーク2.0についてです。この研究は、今後到来するSociety《ソサエティ》 5.0、AIの進展による超スマート社会（二〇三〇年を想定）において求められる資質や能力を育成するためにいかに学校教育を変革していけば良いのかについて研究するものです。本校では特に授業改善や探究学習について研究を進めています。

そして、OECDではこのInnovation《イノベーション》（教育改革）を通して生徒の皆さんにつけてほしい力として「Agency《エージェンシー》」という能力を掲げています。この言葉は日本においてはまだ明確に定義されていないのですが、「責任を持って、主体的に社会を変えていこうとする意志」を表す言葉と理解することができます。

さる五月には、二年国際探究科の竹内陽渚さんがカナダのバンクーバーで開催された「OECD世界高校生会議」に日本代表として出席し、Agencyを育むためのこれからの世界の教育のあり方について、各国の高校生や教育関係者と意見交換を行いました。

また来る九月五日には、東京の国連大学で開催されるG20サミットの教育関連イベント「21世紀の教育政策 ― Society 5.0時代における人材育成―」において、同じく二年国際探究科の荒木美咲さんが、日本を代表して自身の探究活動である高浜町に観光客を誘致するための「ヘルスツーリズム」について発表します。

二人に代表されるように、本校では、探究学習を通して、皆さん一人ひとりの中にAgencyを育んでいくことを目指しています。「地域の課題を自分事として考え、課題の解決方法を提案し、できることから実行していく」という学習活動は、まさしくAgencyの理念に沿うものです。また、最初にお話しした「誰の仕事でもない仕事」についても、自分事として責任を持って引き受けるという点においてAgencyと関わりがあります。

皆さんには、今日お話しした二つのこと、「誰の仕事でもない仕事」と「Agency」ということを心に留めてこれからの学校生活を送ってほしいと思います。

以上で、二学期始業式の話を終わります。

第七一回学校祭「若駆《じゃっく》」

Sep. 2
2019

皆さん、こんにちは。今回は八月三一日（土）～九月一日（日）にかけて実施した第七一回学校祭について紹介します。

今年で七一回目を迎えた学校祭。「若駆」―若さで駆ける学校祭― をテーマに、前日のカーニバル・市内パレードを含め三日間にわたり開催しました。本校では第一回から今回まで、地域に根ざした学校として地域の方々をお招きする一般公開を行っており、今年も二日間で大人から子どもまで一六六八名の方が来校され、クラス企画や文化部の発表をご覧になりました。

このように、毎年多くの地域の皆様がお越しくださいますことにこの場をお借りして心から感謝申しあげます。

私自身、小学生の頃から毎年のように学校祭に行き、各ホームのデコレーション（当時は「ホームデコ」と呼んでいました）を見て回ったり、高校生のお兄さんお姉さんに遊んでもらったりすることを楽しみにしていました。学校祭前日に仮装姿で市内をパレードする若高生を見るとワクワクしたものです。ＰＴＡの大島洋一会長も、幼い頃から学校祭に行くのが楽しみで、幼心に将来は若高に行きたいと思うようになったとおっしゃっていました。


本校の学校祭の特徴は大きく三点あります。

一点目は、全日制と定時制が共同で開催していることです。各企画のうち、垂れ幕とクラス企画の二部門で全日制と定時制の双方が作品展示とプレゼンテーションを行っています。

また、今回、全日制の保護者は手打ちうどんとわかめご飯を、定時制の保護者は生どら焼きとジュース、アイスクリームを販売してくださいました。

二点目は、クラス企画と文化部展示・発表などを並行して行っており、来場者も生徒も好きな企画を自由に見て回れることです。特に二〇〇〇年の第五二回学校祭から、それまで展示中心であった「クラスデコ」をプレゼンテーション中心の「クラス企画」に変更して以来、クラス企画の質が劇的に上がり、大変見ごたえのあるものとなりました。

各クラスでは、来場者に対して、担当生徒が企画内容について、熱心にそして楽しく説明やクイズ、ゲームなどのプレゼンテーションを行います。来場者一グループにつき平均して一〇分程度かかるため、各クラスの廊下は順番待ちの列ができ、さながらテーマパークの様相を呈しており、二日間ですべてのクラス企画を見て回ることは到底不可能な状況です。

私は今回三年生全クラスと定時制、一、二年生のいくつかのクラス企画を見ることができました。三年生の部で優勝した一組（What can we do? というテーマのもと、シリアの紛争や難民問題に対して私たちができることは何かを問う）を筆頭に多くのクラスが社会的なテーマを設定し、しっかりと調査・研究を行い説得力のあるプレゼンテーションを行っていました。

クラス企画を探究学習と関連付けているクラスもありました。例えば、三年三組は「マイクロプラスチックによる海洋汚染」をテーマに、日ごろの探究学習の成果をクラス企画としてわかりやすくまとめ、来場者の関心を高めていました。

三点目は、各文化部の展示や発表が充実していることです。オープニングセレモニーでの書道部のパフォーマンスや、吹奏楽部、軽音楽部、演劇部の発表、茶華道部によるお茶会、美術部や文芸部、スキューバダイビング部による作品展示、科学部による実験、ＥＳＡ部による English Cafe、かるた部や囲碁将棋部による体験会場の設置など、本校には文化や芸術を大切にする伝統が脈々と受け継がれています。

先日、今年新採用で本校に赴任してきた先生が、「若狭の学校祭って本当にすごいですね。このような学校祭はテレビドラマの中だけのものだと思っていました」と話していました。

これまでの七〇年の歴史と伝統の上に今年も素晴らしい学校祭を創り上げた生徒の皆さんを心から称えたいと思います。

ＯＥＣＤ教育・スキル局長　アンドレアス・シュライヒャー氏講演より

三年生学年集会

Sep. 11 2019

三年生の皆さん、今日こうして皆さんにお話しできることを大変嬉しく思います。最初に、学校祭・体育祭お疲れさまでした。皆さんのリーダーシップにより心に残る素晴らしい学校祭・体育祭になりました。体育祭の競技終了後に全員で踊ったフォークダンス、最初は各色で、そして最後は全員が一つの輪になって皆さんが笑顔で踊る様子は本当に微笑ましい光景でした。まさに学校が一つになった瞬間だったと思います。皆さんが先輩から受け継ぎ、そして新たに築いてくれた伝統を、今度は後輩たちがしっかりと受け継いでくれることと思います。

早いもので四月からもう五か月が経ちました。私にとってもそうでしたが、皆さんにとってもあっという間だったのではないでしょうか。そして、今日から五か月後はというと、皆さんは自宅学習期間に入り、国公立大を受験する人は二次試験の二週間前になります。五か月というスパンで今後の高校生活を見通すと、卒業まであっという間であることが実感できると思います。

皆さんは、今、進路を決定する重要な時期を迎えています。就職を希望する人は数日後に、ＡＯ

入試や推薦入試を希望する人もまもなく受験を迎えます。一日一日、一瞬一瞬を大切にしてください。

さて、九月五日に国連大学で行われたG20サミット教育関連イベント「二一世紀の教育政策―Society《ソサエティ》5.0時代における人材育成―」において、二年国際探究科の荒木美咲さんと渡辺久暢先生が日本を代表して発表しました。私もその会議に出席しましたが、二人の発表は各国の教育担当者に大きなインパクトを与えるとともに、若狭高校の教育がG20の各国に広く知られることとなりました。今後、世界各国では、本校の教育が「Society《ソサエティ》5.0時代における人材育成」のための一つのモデルになると思います。これが意味するところは、本校で三年間学んできた皆さん一人ひとりに、これからの日本、そして世界が求める資質・能力が備わっていると世界が評価しているということです。

それがどのような力であるのかについて、イベントの最初に行われた基調講演において、OECDの教育・スキル局長であるアンドレアス・シュライヒャー氏が話をされましたので、皆さんにお伝えしておきたいと思います。

一点目は、世界の若者に共通することとして、ネットのつながりに依存し、常につながっていたいとする一方で、実際の社会において人間関係を築くことを苦手とする傾向があり、社会において他者と良好な関係を築くためのソーシャル・スキル（社会的・感情的スキル）を身に付ける必要性が高まっているということです。

具体的には、互いに認め合い協力しあえる集団では、一人ひとりの自尊感情が高まり、自分の能力を信じる力が高まります。そして、そういう集団からブレークスルー（科学技術などの飛躍的な進歩）が起きることが実証されています。そういう集団を作るために、一人ひとりのソーシャル・スキルを高める必要があるということです。

このことを皆さんに当てはめて考えると、一人ひとりの希望進路を実現する上で、クラスとしてのまとまりや互いの信頼関係が、皆さんが能力を発揮する大きな後押しになるということです。合唱コンクールや学校祭・体育祭の皆さんの様子を見れば、このソーシャル・スキルが皆さんの中に育まれていることは明らかです。そして、私はこの能力こそが「異質のものに対する理解と寛容の精神」そのものではないかと思っています。

二点目は、「知識をどう活用するか」ということについてです。今後ＡＩが進展する世界にあっては、昨日学んだこと（知識）が明日有効であるとは限りません。大切なことは、学んだ知識をどう活用するかということであり、「学際的」に、他の分野と関連付けて考えられるかどうかということです。この点についても、皆さんは探究学習等を通して、知識を総合的に活用する方法を学んできました。こうして身に付けた力は皆さんが社会に出たときに必ず役に立ちます。自分たちが学んできたことと身に付けた能力に自信を持ってください。

一方で、学んだ知識を丸暗記することは、他のことと関連付けて考える際の妨げになるなど、かえって自らの思考の発展を妨げる結果にもなりかねません。覚えればなんとかなると言った安易な考え方や暗記学習に逃げないよう心がけてください。

八月始めの進学合宿に参加した皆さんにはお話ししましたが、人は自らの経験と関連付けて学んでいきます。あることについて学んだ時に、それを単独の知識として暗記するのではなく、自身の経験や他の分野との関わりなどと関連付けて深く考えるようにしてください。

以上シュライヒャー氏の話をもとに、皆さんがこれまでの高校生活で身に付けてきた力と卒業までの半年間に大切にしてほしいことについてお話ししました。

今日の学年集会を新たなスタートとして、それぞれが希望進路の実現に向けて、ともに学び合い、支え合ってこれからの高校生活を過ごしてください。担任の先生方をはじめ、私たち教職員も皆さんを全力でサポートします。

京都大学名誉教授 永田和宏氏講演より

第六九回全国高等学校ＰＴＡ連合会京都大会

Sep. 20 2019

今回は八月二二日（木）〜二三日（金）に開催された第六九回全国高等学校ＰＴＡ連合会京都大会の第一分科会・基調講演の内容について紹介します。

第一分科会のテーマは、「〈よくできる〉とは、どういうことか？―大学は自分の可能性を見つける場である―」。講師は、京都産業大学タンパク質動態研究所所長・京都大学名誉教授の永田和宏先生です。先生は著名な歌人でもあります。今回は、講演の中で私が特に面白いと思った箇所についてまとめたものを紹介します。

○〈よくできる〉とは、どういうことか？

高校までの初等中等教育においては、「先生の教えることは正しいことである」という前提のもと、みんなが同じことを学んで習得する。「学習」とは、「学んで習得する」ことである。

また、問題には必ず答えがあり、〈よくできる〉とは、「早く正解にたどりつき答えられる」、「豊富な知識を持ち応用できる」など、「与えられた問題に答える能力が高い」ことである。

○「学習」から「学問」へ

高校までの「学習」が大学では「学問」になる。「学問」とは、「学んで問い直す」ことであり、「いかに正しく答えられるか」よりも「いかに問うことができるか」が大切になる。

大学は社会に出る前の最後の教育の場であり、社会に出れば誰も正解を知らないこと、社会に模範解答はないことを教える場である。そして、社会に出て想定外のことに出会った時に、それに対処する力を養うことが「学問」をする意味である。

大学教育においては、「何がまだわかっていないか」に気づくことが大切であり、それを教えられるのは研究者である。また、それと同時に教えられたことが果たして正しいのかを疑ってみることが大切である。例えば、私たちの身体の細胞はずっと六〇兆個とされてきたが、最新の研究で三〇兆個と見直されている。そういう意味で、才能・能力とは、正しく答えられる力（問題解決力）よりも、正しく問える力（問題発掘・提示力）であるといえる。

○なぜ本を読むのか？

コーヒー一杯の値段で学者の一生の研究を知ることができ、自分自身のことを見つめ直すことができる。具体的には、まず、「自分を知る」ことができる。こんなことも知らない自分を知るとともに、知ることの喜びと知に対するRespect《リスペクト》を抱くことができる。

次に、「自己を相対化」できる。多様な人々の多様な考えを知ることにより、複眼的思考が身につき、思考の風通しが良くなる。

最後に、「自己の可能性への信頼と確信」が生まれる。先に述べた二つの力を養うことで、他人やテストの評価で安易に自己を決めつけず、自己の可能性への信頼と確信を持つことができる。

○大学時代に知り合い、後に妻となった河野裕子氏との相聞歌

「たとへば君　ガサッと落葉すくふやうに　私をさらつて行つてはくれぬか」

河野裕子

「きみに逢う　以前のぼくに逢いたくて　海へのバスに揺られていたり」

永田和宏

永田氏の講演を聴き、大学教育の意味を考える良い機会になるとともに短歌をあらためて鑑賞したいという思いを抱くことができました。

この文章を読んだ生徒の皆さんが図書館に足を運び、本を手にとってくれることを願っています。

自分を見つめなおす機会に

第三一回若狭高校強歩大会挨拶

Sep. 30 2019

今回は九月二七日（金）に実施した第三一回若狭高校強歩大会の開会式挨拶を紹介します。

皆さんおはようございます。
秋の青空が広がる絶好の強歩大会日和になりました。
強歩大会の実施にあたり、皆さんに高校生が詠んだ短歌を紹介します。

『その日から一六才になったのでたとえば少しゆっくり歩く』
（千葉県 高校一年 二〇〇一「東洋大学現代学生百人一首」より）

皆さんには、この歌のように、時には「少しゆっくり歩いて」、頭上に広がる青空や、ふるさとの美しい川や海、山を眺めながら、友と語らい、自分自身を見つめ直してみてほしいと思います。忙しい毎日を過ごしている皆さんにとって、心身ともにリフレッシュできる一日になることを願って挨拶とします。

この歌に出会ってからもう二〇年近くになります。

忙しい高校生活を過ごす中、一六才の誕生日を迎えて少し大人になり、新鮮な気持ちで周囲の自然や通い慣れた通学路、友人のことや自分自身のことを見つめようとする作者の気持ちが伝わってくる歌です。時折ふと思い出されることがあり、今回も強歩大会の挨拶を考えている時に思い出しました。「たとえば少しゆっくり歩く」。毎日の生活の中でこんな時間を持てるといいですね。

強歩大会には一、二年生が参加しました。若狭高校をスタートして熊野から山を越え、志積《しつみ》、阿納《あのう》と海辺を進んで若狭高校に戻る約二三キロメートルの風光明媚なコースです。生徒たちはお弁当を持ち、五〜七時間かけて、思い思いのペースで景色や会話を楽しみながらコースを歩きました。

ご多忙のところ生徒を見守ってくださいましたPTAの皆様、本当にありがとうございました。

中央教育審議会発表

Oct. 15
2019

今回は中央教育審議会における発表について紹介します。

去る九月二四日（火）に開催された中央教育審議会・初等中等教育分科会・新しい時代の初等中等教育のあり方特別部会・新しい時代の高等学校教育の在り方ワーキンググループ（第三回）において本校の取り組みについて発表する機会をいただきましたので、当日の発表内容と委員の皆様から出されたご意見等について紹介します。

現在、中央教育審議会では、新時代に対応した高等学校教育の在り方について審議しており、具体的には下記の四点について審議しています。

○普通科改革など各学科の在り方
○文系・理系にかかわらず様々な科目を学ぶことやSTEAM《スティーム》教育の推進
○時代の変化・役割の変化に応じた定時制・通信制課程の在り方
○地域社会や高等教育機関との協働による教育の在り方

今回、その審議を進めるための参考事例として本校の取り組みが選ばれ、「教育目標実現に向けた若狭高校の挑戦」というテーマで、「普通科の特色づくり」と、「開かれた学校づくり」という二点を中心に、全日制・定時制における本校の取り組みについて発表させていただきました。

主な内容は以下のとおりです。

一　「異質のものに対する理解と寛容の精神を養い、教養豊かな社会人の育成を目指す」という本校の教育目標は、豊かな教養を身に付けることを目指している点において「STEAM《スティーム》教育」の「A（Arts《アーツ》）」に通じている。本校ではSSHの取り組みにより「STEM」教育を推進するとともに、学校祭や合唱コンクールなどの行事を中心に「Arts」教育にも取り組んでいる。また、こうした行事は保護者や地域の皆様からも親しまれており、毎年多くの方が見に来てくださるなど地域との交流の機会にもなっている。

二　「普通科の特色づくり」については、「普通科改革の本丸は、授業改革」であり、「教科の本質」を意識し、「目の前の生徒の状況」に応じて、「生きて働く学力」を育む授業を行うことが、普通科改革の本丸ではないかと考えている。

具体的には、①全教員による互見授業、②各教科会の充実、③研究授業と研究協議、の三つの取り組みにより、全教員が積極的に授業を公開し互いに評価し合うとともに、教科会において教材の共有化や指導方法の検討などを行いより良い授業作りに努めている。また、定期考査の工夫やパフォーマンス評価の導入など評価の研究も進めており、評価方法を改善することが授業改善を進めるポイントであると考えている。

三

「開かれた学校づくり」については、「校外から多くの方を呼び込み、生徒を校外に飛び出させ、校外の方をカリキュラムに巻き込んでいくシステム」を開発している。

具体的には、地域の豊かな資源を活用した探究学習を通して「課題設定能力」と「地域をはじめ様々な方と協働して設定した課題を粘り強く解決する能力」の育成を目指しており、この目標実現のため、地元の小浜・高浜・おおい・若狭の四市町の行政の方々や地域の皆様、PTA、大学の先生方など多くの方のご指導を仰いでいる。

また、積極的に探究学習の成果を発信しており、国内外の各種学会やコンテスト等への参加やアメリカ、台湾、フィリピン、シンガポール等の連携校と共同研究等を行っている。

本校ではこうした学習に学校全体で取り組んでおり、その中心的役割をSSH・研究部が担っている。

四　定時制では、長年にわたり保育園や社会福祉施設などにおいてボランティア活動に取り組んでおり、そうした活動を通じて生徒は自己有用感や社会性を身に付け、地域を支えるかけがえのない人材として活躍している。

以上の発表に対し、委員の皆様からは、「どうして若狭高校ではこうした実践ができるのか」、「どうすれば他の学校においてもこのような取り組みができるようになるのか」といった質問が出されました。その背景には、全国の多くの学校において、授業改善や開かれた学校づくりなどの学校改革が思うように進んでいない現状があるのだと思います。本校においても、五年間にわたり毎年少しずつ改善を重ねてようやく現在のような組織的な取り組みができるようになってきたところであり、改革はようやく端緒についたところです。

この間、本校の改革を中心となって進めてきたSSH・研究部長の渡辺久暢先生は「教員のコミュニティ」を育てることを大切にされてきました。

「みんな苦労しているから愚痴もいっぱいでるけれど、生徒たちを育てたいという思いは共通、お互いの苦労を分かち合い、聴き合うことでヒントやアイディアも生まれてくる」

「まずは学校の中で互いに教育専門家としての専門性を磨き合い、高め合うことができるように」

こうした思いを大切にし、「教員のコミュニティ」を育ててきた結果、本校では組織としてさまざまな改革に取り組むことができるようになってきたのです。

今回の中央教育審議会における発表により、本校が新しい時代の高校教育の在り方の一つのモデルとして評価され、日本の高校教育の発展に少しでも寄与できるのであれば、これほど光栄なことはありません。本校では、これからも教育目標の実現に向けて着実に歩みを進めていきます。

教養豊かな社会人

Nov. 5
2019

今回は「異質のものに対する理解と寛容の精神を養い、教養豊かな社会人の育成を目指す」という本校の教育目標の「教養」について、『東大教授が考えるあたらしい教養』を参考にしてお話ししたいと思います。

最初に、あらためて教育目標を読み直してみますと、「異質のものに対する理解と寛容の精神を養う」ことが、豊かな「教養」を身に付けることであると理解できます。

その上で、「異質のものに対する理解と寛容」＝「教養」ということについて、「教養」とは何かという視点から考えてみたいと思います。

このように考えるのは、「教養」の意味するところが、教育目標が定められた七〇年前と今では変わってきており、「教養」の今日的な意味についてある程度の共通理解が必要ではないかと考えるからです。

先に紹介しました『東大教授が考えるあたらしい教養』では、これからの時代に求められる「あたらしい教養」について、求められるのは知識や情報の量ではなく、「情報を選別する能力」や「情報と結びつけて活用する能力」「情報をもとに考える能力」であると述べています。また、そうした能力を身に付けるために、「知識や情報に接したときにそれを丸のみにするのではなく、疑問を持って自分の頭で考える習慣を持つこと（真理探究の精神）」が欠かせないと述べています。

さらに、今日のように課題が山積する世界においては、正解のない問いに対し、意見の異なる他者との議論などを通して、柔軟に思考していくことが大切であり、何よりこうした姿勢こそが教養そのものではないかと述べています。

ここで言う柔軟な思考とは、異なる価値観を持つ人の立場でものを考える力や、相手が何を大切にしているかを考える能力などを指し、自分の意見に固執することなく、かといって相手の意見に安易に同調することもない、バランスのとれた思考力のことを指します。

以上のことをまとめると、東大教授による「あたらしい教養」の定義は、次の二点になります。

一　知識や情報に対して、疑問を抱き、自分の頭で考え、活用する姿勢や習慣を持つこと。またその能力。

二　正解のない問いに対して、意見の異なる他者との議論などを通して柔軟に考える姿勢や習慣を持つこと。またその能力。

こうした「教養」の定義を踏まえ、本校の教育を見直してみますと、本校では探究学習や各教科学習において、身の回りの事象や教科内容について自ら問いを立て（疑問を持ち）、他者と協働して主体的に学習していく教育を進めており、色別行事とあわせて、まさに「新しい教養」を育む教育を行っていると思います。

さらに、「教養」には到達点や完成ということがないことを考えると、高校時代はもちろん、卒業後も生涯にわたり「異質のものに対する理解と寛容の精神」を持ち、他者と協働して、主体的に考え学んでいくことが、「教養豊かな社会人」であるためには欠かせないように思います。

その意味で、本校の教育目標は、生涯にわたり心に刻んで実践していくことで達成され得るものであり、卒業生の誰もが何年経っても「異質のものに対する理解と寛容」という教育目標を覚えているのは、その精神が一人ひとりの中に深く息づいているからではないかと思っています。

本校の教育目標は、七〇年の時を経て、さらにこれからの時代に必要とされる資質・能力を示しています。誰もが幸せで豊かな社会を築いていくために、生涯にわたり学び続ける「教養豊かな社会人」でありたいものです。

シンガポール語学研修

二年国際探究科・シンガポール語学研修旅行

Nov. 28
2019

シンガポール語学研修の実施にあたり、シンガポールのことについてお話ししたいと思います。

皆さんは、シンガポールについてどの程度知っていますか。私は三〇年以上前に旅行で訪れたことがありますが、覚えているのはマーライオンと街中にゴミのない清潔で美しい国であることぐらいです。ですから、この機会にシンガポールについて少し調べてみました。

シンガポールは、この三〇年間で飛躍的に発展し、いろいろな指標で世界のトップレベルに位置する国となっています。ここでは、そのうちのいくつかについて紹介するとともに、めざましい発展を遂げている背景について少し紹介したいと思います。


最初に、シンガポールの高校生の学力についてです。ＯＥＣＤが二〇一五年に一五才の生徒を対象に実施した国際学力調査（PISA《ピザ》）において、シンガポールは「科学的リテラシー」「読解力」「数学的リテラシー」の三分野で世界一位となりました。日本は「科学的リテラシー」が二位、「読解力」が八位、「数学的リテラシー」が五位でした。

この結果を受けて、日本では特に中高生の「読解力」育成が大きな課題となっています。

では、なぜシンガポールの生徒の学力がこれほど高いのでしょうか。その一つの理由として、国家予算の約二〇%を教育に投じている（日本は約五%）こと、各家庭でも子どもへの教育投資が大きいことがあげられます。一九六五年にマレーシアから独立し、東京二三区とほぼ同じ国土面積しか持たず、天然資源もないシンガポールでは、初代首相のリー・クアンユーが「最大の強みは人材」（人口約五六〇万人）と考え、国を挙げて人材育成に力を注いできたことに加え、各家庭でも次世代のために惜しみなく投資してきた結果、子どもたちの学力は世界でもトップクラスとなりました。

次に、世界大学ランキング二〇二〇の結果を見てみましょう。このランキングは、毎年イギリスの高等教育専門誌が教育環境・研究・被引用論文・国際性・産業界からの収入の五分野で世界の大学を比較しているものですが、私たちが交流するNUS（National University of Singapore ＝シンガポール大学）が二五位、南洋理工大学が四八位と五〇位以内に二校がランクインしています。日本は東京大学が三六位、京都大学が六五位です。

NUSの特徴としては、外国人留学生数が全学生の三〇%近くを占め、学術スタッフも全職員の過半数を外国人が占めており、優秀な人材を海外から集め、英語で授業を行っていることが挙げられます。一方で、シンガポールの大学進学率は三〇%強（日本は約五五%）であり、成績上位者しか大学に進学できないという厳しい現実もあります。

最後に、世界幸福度ランキング二〇一九を見てみましょう。このランキングは、毎年国連がGDP・平均余命・寛大さ・社会的支援・自由度・腐敗度の六分野で各国を比較し発表しているものですが、シンガポールは三四位、日本は五八位となっています。評価項目のうち、本校の教育目標ともつながる「寛大さ」に着目してみますと、シンガポールは他人種・多文化・多宗教の国であるため、人々は互いにそれぞれの文化や習慣を認め合って暮らしており、他者に対して寛容な国として高く評価されています。これに対して日本はNHKで「不寛容社会」というテーマの番組が放送されるなど、近年他者に対する不寛容さが問題となっており、国際的な評価も低くなっています。

日本のこうした現状を踏まえると、本校の教育目標の持つ意味や価値の重要さを皆さんも実感できるのではないでしょうか。

以上三つの視点からシンガポールと日本を比較して見てきましたが、これらはシンガポールという国のほんの一面にすぎません。皆さんには、研修旅行を通してシンガポールの魅力や課題などいろいろな側面に目を向け、その背景を考え、これからの自分自身の人生や社会のあり方を考える糧にしてほしいと思います。

「これからの本校の教育」について

Dec. 11 2019

今回はこれからの本校の教育についてお話ししたいと思います。一二月七日（土）の福井新聞に私立高校を志望する県内中学三年生が前年同期（九月の進路志望調査）に比べて一八％増加している一方、県立高校志望者は四％減少しているという記事が掲載されました。この背景には、来春から私立高校の授業料が実質無償化され、入学金も大幅に引き下げられて県立高校と同等になることによる影響があります。

私立高校の授業料無償化については今年六月時点ですでに示されていましたので、これに対して各県立高校ではどのように特色を出し、魅力化を図っていくかを検討してきました。本校でも、日々の授業や部活動、行事等において生徒の皆さんにより良い教育を提供できるよう不断に検証し、見直しを図っているところです。そのような中、今回私立高校を志望する生徒が約二割増加したことを受け、本校でも危機感を持ちこれまで以上に教育活動の充実を図っていく必要性を感じています。

　ここであらためて今日の高校教育に求められていることを考えてみますと、中央教育審議会では新時代に対応した高等学校教育のあり方について検討しており、特に「普通科改革など各学科のあり方」が焦点になっています。また、高校と大学との接続についても「高大接続改革」により大学入試制度が大きく変わりつつあり、高校も対応を迫られています。

　今後生徒数の減少により淘汰される大学が出て来ることは避けられず、各大学は生き残りをかけて特色化や個性化を図り、偏差値だけでは測れない有能な人材を獲得するために「一人ひとりをじっくり評価」ができる多様な入試制度を導入しようとするでしょう。実際、すでにかなりの大学がこうした入試制度を導入し始めています。

　具体的には、志望理由書や学修計画書、集団討論やプレゼンテーションなどを通じて、その生徒が高校生活で、何を、どのように学び、何ができるようになったのか、何に興味や関心を持ち、それを大学での学びにどのようにつなげていきたいのか、そして将来どのように社会に貢献したいのか等について、掘り下げて評価することになります。

　生徒の側からすると、偏差値や点数によるランキングに従って出願大学を決定していた時代から「自分の個性を知り、自分に合った大学を選ぶ」時代へと変わっていくことになるため、自分が何に興味や関心があり、それをどのように将来に活かしていきたいのか、そしてそのために高校でどのような力をつけていかなくてはならないのかということを高校三年間を通して自分自身で考え、必要な能力を身に付けていくことが大切になってきます。

ここがこれまでの進路指導とは違うところであり、私たち教員にはこれまで以上に生徒の皆さんの主体性を育み、自己理解を深める支援が必要になってきます。生徒の皆さんの持つ可能性を伸ばしていけるよう、一人ひとりの将来を見据えたキャリア支援を行っていく必要があるのです。

本校では、そのための具体的な方策として、授業改革を進め、各教科において知識や技能とともに教科特有の見方や考え方を活かして思考・判断・表現ができる確かな学力を育むとともに、全学年・全学科で実施している探究学習の一層の充実を図り、身の回りの出来事や地域の抱えるさまざまな問題について、自ら課題を設定し、さまざまな人と協働して解決策を考えていくことで、未来社会を切り開くリーダーとなる資質・能力を育み、一人ひとりのキャリア形成を支援していきたいと考えています。

保護者の皆様におかれましても、お子様の進路選択に当たっては、お子様が個性や興味関心を活かし、生涯にわたり能力を発揮して社会に貢献できるという観点を大切にして、「学べる大学・可能性を伸ばせる大学」を選択してくださいますようお願いいたします。

脳は身体に従う

二学期終業式式辞

Dec. 23 2019

皆さん、おはようございます。早いもので今年も残すところあと一週間あまりとなりました。皆さんにとって今年はどのような一年でしたか。

私にとっては、ここにいる皆さんや先生方と若狭高校で一緒に過ごすことができたかけがえのない一年になりました。ですから、まず皆さんと先生方にお礼を申し上げたいと思います。今年一年ありがとうございました。

さて、二学期の終わりにあたり、今日は「脳と身体」の関係についてお話ししたいと思います。先日、脳科学者で東京大学薬学部教授の池谷裕二氏の話を聞く機会がありましたので、その内容を中心にお話しします。

池谷先生は、「脳と身体」の関係について、例えば「楽しいから笑う」のか、それとも「笑うから楽しい」のか、「眠いから横になる」のか、それとも「横になるから眠くなる」のかと問いかけられました。皆さんはどう思いますか。

前者については、割り箸を横にして口に挟み、口角を上げて笑顔に似た表情を作って漫画を読むと、割り箸を縦にして口に挟み口角を下げて漫画を読む時よりも面白さが三〇％アップするという実験結果があり、「笑顔になるから楽しい」気持ちになること、また「眠る」ことについても、「毎日決まった時間に布団に入ることで眠くなる」ことから、脳を動かすのは身体であり、「表情や姿勢が感情を形づくる」というお話をされました。

実際、脳にとっては身体が外部環境との唯一のインターフェイス（接触面）であり、身体からの信号がなければ、世界を知り得ないわけです。ですから脳は身体からの信号に従って、さまざまなことを考えたり感じたりしているということなのです。

これを学習に当てはめると、何も外的な刺激を与えず脳に「やる気」を起こさせようとしてもそれはできない相談ということになります。「やる気」が起こらなくてもまず始めてみること、机に向かって読み始めたり書き始めたりすることで脳が次第に活性化し、「やる気」が出て、集中していくということになるのです。これを専門用語で「作業興奮」と言います。（この場合の「興奮」とは、「脳の神経細胞が活性化する」という意味です。）

ですから、皆さんの中に、もし「やる気」が出ずに困っている人がいるようでしたら、そもそも脳は身体からの刺激がなければ「やる気」など起きないわけですから、ぜひ、まずは身体を動かす（机に向かう）ことから始めてください。

見方を変えると、できる人は「やる気」ではなく身体に従っているということです。まず、身体を動かして脳に刺激を与え、脳の「やる気」を引き出しているわけです。毎日決まった時間に机に向かうことを習慣化するなど、学習に向かう身体行動をシステム化することにより、脳に「やる気」を起こさせているわけです。

もうひとつ、脳に「やる気」を起こさせる方法があります。脳には心地良さを感じる「報酬系」という部位があり、ここに働きかけることで快楽を生み出す神経伝達物質である「ドーパミン」が放出され「やる気」を引き出すことができます。

最も簡単な方法は、「褒めること」です。まだ科学的には解明されていないようですが、なぜか人間は「褒められる」と嬉しくなり、「ドーパミン」が出て「やる気」が出ます。

また、何かを達成したり、理解できたときの「達成感」や「うれしさ」も脳の「やる気」を引き出す有効な方法です。ですから、皆さんには、学習する際にお互いに褒め合ったり、自分で自分を褒めたり、達成感やうれしさを感じたりする機会を意識的に作ることをお薦めします。

最後に、最初に紹介した「笑顔を作るから楽しくなる」ということについてお話しします。笑顔の効果として、楽しい感情には、問題解決を容易にしたり、記憶力を高めたり、集中力を高めたりする効果があることが証明されています。また、笑っている人を見るのは誰にとっても心地良く、見ている側も笑顔になります。

今年開催されたラグビーワールドカップでは「笑わない男・稲垣啓太選手」が注目されましたが、実は「笑わない男を笑わせる実験」はすでに行われていて、その最も効果的な方法は、面白いギャグを連発するといったことではなく、「隣に座って根拠もなくげらげら笑い続けること」だそうです。

明日から始まる冬休み、皆さんにはできるだけ笑顔で過ごしてほしいと思います。皆さんの笑顔がご家族や友人を笑顔にし、みんなを楽しく幸せな気持ちにすることでしょう。

「笑う門には福来たる」。どうか笑顔で年末年始をお迎えください。

礼儀正しさこそ最強の生存戦略

三学期始業式式辞

Jan. 8 2020

皆さん、明けましておめでとうございます。今年もどうかよろしくお願いします。

お正月はどのようにして過ごしましたか。二学期の終業式でお話しした「脳と身体」の関係のことを意識して笑顔で過ごしてもらえたでしょうか。

さて、今日は先日の話を踏まえ、笑顔の効果等も含めた「礼儀正しさ」の大切さについて、ジョージタウン大学准教授、Christine《クリスティーン》 Porath《ポラス》氏の著書である『「礼儀正しさ」こそ最強の生存戦略である』という書籍を参考にしてお話ししたいと思います。

Christine《クリスティーン》 Porath《ポラス》氏は二〇年間にわたり、世界中のあらゆる業種、あらゆる種類の組織に所属する何十万という人を対象に「職場の無礼」について研究し、職場における無礼な態度がいかに多くの人の意欲や能力を損ない、人間関係を台無しにし、結果的に会社に大きな害をもたらすかということを明らかにしてきました。

また、その研究の過程で一つの重要な発見をしました。それは、どのような立場の人であっても仕事で成功するためには、「自分はどういう人間になりたいのか」ということを問い続ける必要があるということです。

「自分はどういう人間になりたいのか」という問いは、皆さん自身が常に問い続けていることでもあると思います。Porath《ポラス》氏は長年にわたる研究結果から、この問いを実現し仕事で成功するために最も重要なのは職場の人間関係を良好に保つことであり、その基礎になるのが「礼儀正しさ」であるという結論に至りました。

視点を変えると、礼節をわきまえない「無礼」な上司・同僚・組織のもとでは「なりたい自分」にはなれず、仕事で成功することは難しいということです。「無礼」な態度とは、例えば馬鹿にして見下したり、大声で恫喝したり、差別的な発言をしたりといったことが挙げられ、その言動を受けた人はもとより周囲の人の思考力を低下させ、持てる能力を発揮できなくしてしまったり、大きなストレスを与え健康を損なう原因になったりして、多くの人を不幸にしてしまいます。これは職場に限ったことではなく学校においても同様です。皆さん自身、所属するクラスや部活動等において多少なりとも経験してきたのではないかと思います。

研究結果によると、世界的に見ても「無礼」な人は増加しているようであり、その原因として、グローバル化による文化の違いや世代間の価値観の違い、多忙化・孤立化する職場環境やテクノロジーの発達によるコミュニケーション能力の低下などが考えられるということです。

そして、こうした「無礼」な人たちに対して私たちはどのように対処していけばよいのかということについて、Porath《ポラス》氏は一人ひとりが礼節を重んじ「礼儀正しく」振る舞うことが最も大切であるとし、三つの基本的なマナーを身に付けるよう提案しています。

一つめは「笑顔を絶やさない」ことです。

笑顔は、周囲のみんなを笑顔にし幸せな気持ちにします。

二つめは「相手を尊重する」ことです。

具体的な行動として、Porath《ポラス》氏は「褒め上手」になることを提案しています。先日お話ししたように、人は「褒められる」と嬉しい気持ちになり脳が「やる気」になるのです。

三つめは「人の話に耳を傾ける」ことです。

人の話をよく聞くことは人間関係を築き、維持し、深める上で大切であるとともに相手から様々な情報やアイデアをもらえる絶好の機会になります。

本校の教育目標である「異質のものに対する理解と寛容の精神」を養う上でも、この三つのマナーを身に付けることが大切ではないでしょうか。

三学期は、一年を締めくくる学期であるとともに新たな学年・新たな世界に一歩踏み出す準備期間でもあります。クラスや部活動など、皆さんが所属する集団においてよりよい人間関係を築くことが「なりたい自分になる」ために必要であることを心に留めて、学校生活はもとより家庭や社会においても今お話しした三つのマナーを心がけてください。

探究はブリコルール

SSH研究発表会

Feb. 18 2020

今回は二月一五日（土）に開催しましたSSH研究発表会について紹介します。
当日は、一、二年生全学科の生徒が一年間の探究学習の研究成果について発表しました。午前中は二年理数探究科と国際探究科の生徒が口頭発表を、午後からは全学科の生徒がポスター発表（全二〇一発表）を行いました。ご助言くださった講師の皆様、地域や行政、PTAの皆様、二〇〇名近く参加してくださった中学生の皆さん、ポスター発表に参加してくださった東海大学付属高輪台高校、兵庫県立豊岡高校の皆さん、県内外からお越しくださいました皆様、本当にありがとうございました。

ポスター発表終了後、SSH運営指導委員長の福井大学付属国際原子力工学研究所特任教授の安濃田良成先生より、本校の探究学習への取り組みが突き抜けたレベルに到達してきたという高評をいただきました。具体的には、課題設定の方法やまとめ方等についてできているのは当然のこととして、発表の際に自分の言葉で自分の考えを発信できていること、それ故に多くの質問が出て活発なやりとりがなされていること、こうした力は社会でも非常に重要であり、将来につながる終生の宝物であるという高い評価をいただきました。

安濃田先生は、ＳＳＨ指定当初から長年にわたり本校の取り組みを見守りご指導くださっています。研究発表会終了後の運営指導委員会でも「最初は手探りだった取り組みが、よくここまできた」という言葉をいただきました。

また、大島洋一ＰＴＡ会長からは、「探究学習には明確な答えがないので面白い反面苦しいこと（暗闇の中を歩くような感じ）も多いと思う。社会に出れば答えのない問いに直面することが多いが、今回のように仲間と協力して一つひとつ準備し解決していけばほとんどのことは解決できる。しかし、中にはどうしても解決できないこともあるので、そういう時は自分を責めず次のチャンスで頑張ればよい」という励ましのメッセージをいただきました。

また、休憩時間に運営指導委員のお二人（安濃田先生と日本電産テクノモーター株式会社空調開発部次長の田中宏忠様）とお話ししている際に、生徒の皆さんの手作りの実験道具のことが話題になりました。高価な実験道具がなくても、身近なものを組み合わせて改良を重ねながら実験を重ねる生徒の皆さんの様子をご覧になり、お二人が「これこそが科学研究そのものである」とおっしゃったことが心に残っています。

そのお話を聞いて、「ブリコルール」という言葉を思い出しました。ブリコルールとは、フランスの文化人類学者であるクロード・レヴィ・ストロースが著書『野生の思考』の中で、「野生」の人々がありあわせの道具とありあわせの材料を用いて工夫して生活している様子を指した言葉です。現在のように科学技術が発展していなかった時代、科学者は皆さんと同じようにありあわせの道具とありあわせの材料を組み合わせて実験道具を作り、改良を重ねる中で一つひとつの発見や発明をしてきたのです。その意味で、皆さんの探究学習の歩みは科学者の歩みとまさに重なると言って良いでしょう。

研究発表会終了後、運営を担当してくれた三〇名あまりの三年生に対して、生徒会長より「先輩方の探究する姿に憧れて自分たちも研究を進めてきた」という話があり、それに対して三年生代表から「探究の醍醐味は自ら課題を発見して解決する力がつくのをはじめさまざまな力をつけられることであり、今はまだ実感がないと思うが将来必ず役に立つ」というメッセージが贈られました。このように素晴らしい研究発表会を開催できましたのは、なにより生徒の皆さんの探究学習への真摯な取り組みとそれを支援してくださった多くの皆様のおかげです。この場をお借りして心から感謝申し上げます。

教養について

第七一回卒業式式辞

Mar. 3 2020

今回は本日挙行いたしました第七一回卒業式の式辞を紹介します。

ただ今、卒業証書を授与しました、全日制二九五名、定時制九名、計三〇四名の皆さん、卒業おめでとう。皆さんは、若狭高校でのすべての業を終え、本日晴れて卒業の日を迎えられました。

この三年、もしくは四年の間、皆さんは「異質のものに対する理解と寛容の精神を養い、教養豊かな社会人の育成を目指す」という教育目標のもと、学業や行事、部活動など様々な活動に誠心誠意取り組んで来られました。皆さん一人ひとりの中にこの目標がしっかり根を張り、息づいていることと思います。今日は、卒業される皆さんに私からの最後のメッセージとして、教育目標に掲げられた「教養」についてお話しします。

一学期の終業式で「STEAM《スティーム》」教育についてお話ししましたが、覚えているでしょうか。「STEAM」は、Science、Technology、Engineering、Arts、Mathematics の頭文字からなる言葉であり、今後ＡＩの進展する世界にあって重要とされる五つの分野を示しています。もともとは、科学技術の発展に必要な四つの分野の能力育成を目ざす「STEM」教育として始まりましたが、「人間を大切にする社会」を築いていくためには、芸術や文化への理解や、「教養」を身につけることが不可欠であるため、「Arts《アーツ》」が重視されるようになってきました。

「Arts」は、「教養豊かな社会人の育成を目指す」本校教育の根幹に関わりますので、もう少し掘り下げてお話ししたいと思います。

これからの社会に求められる「教養」として、私は次の三つのことが大切であると考えています。

一つ目は、知識や情報に対して、疑問を抱き、自分の頭で考えることです。情報が氾濫する社会においては、その真偽や妥当性について様々な角度から検討することが大切です。

皆さんは、これまで、身の回りの事象や教科内容について自ら問いを立て、解決策を考えるなど、主体的に学んできました。皆さんの中には「Agency《エージェンシー》」が育まれています。

知識や情報、常識などに対して、常に疑問を抱き、課題に粘り強く向き合って、「人間を大切にする社会」を築く担い手となってください。

二つ目は、正解のない問いに対して、意見の異なる他者との議論などを通して柔軟に考えることです。

高橋源一郎氏は評論『ぼくらの民主主義なんだぜ』の中で、「民主主義とは、意見の通らなかった少数派が、それでも『ありがとう』ということのできるシステムである」と述べています。

この「ありがとう」という言葉には、多数派が少数派の意見に耳を傾け、丁寧に議論して結論に至ることを尊重する気持ちが込められています。皆さんも行事や部活動を通してこうした経験を重ねてきたのではないでしょうか。

そして、この正解のない問いに対して、意見の異なる他者を尊重し、丁寧に議論して合意形成を図るという民主主義のあり方は、「異質のものに対する理解と寛容の精神」そのものではないかと思うのです。

今後、私たちの社会は、これまでの常識が通用しない急激な変化に見舞われます。現在直面している新型コロナウィルスへの対応をはじめ、社会のいろいろな場面で「従来の法律やルールでは対応できない状況」が発生しており、その是非や対応について一人ひとりが判断を求められることになります。

三つ目は、その判断基準としての「本質を見抜く力」を身に付けることです。

「何が真実なのか、何が正しいのか、何が美しいのか」という、本質を見抜く力を養うために、皆さんは学んできました。これからはそれぞれの専門分野を中心に深く学び、専門性を高め、その力を養ってください。一流と呼ばれる人に共通するのは、一つの分野を究めることで、それ以外の分野についても本質を見抜けることです。

皆さんには、それぞれの道において一流を目指し、学び続けてほしいと思います。

政治学者の丸山真男氏は評論『「である」ことと「する」こと』において、「民主主義は不断の努力によってかろうじて民主主義でありうる」と述べています。

私が今お話しした、「教養」についても、皆さん自身の「不断の努力」によってかろうじて保ち続けることができると言えるでしょう。

その意味で、本校の教育目標もまた、生涯にわたる皆さん自身の「不断の努力」によってかろうじて達成しうるものではないかと思います。

皆さんが、それぞれの道において「不断の努力」を重ね、「人間を大切にする社会」を築く担い手として活躍されることを期待しています。

海を拓く

令和元年度水産教育第三二号　巻頭言

Mar. 9
2020

「海を拓く」

この言葉は、小浜水産高校創立一〇〇周年を記念し、当時の小浜水産高校正面玄関前（現在の海洋キャンパス）に建てられた石碑に彫られています。

人類誕生の場であり最後の未開の場でもある海を開拓し、食糧やエネルギーなど人類の繁栄と幸福に資する資源を開発し活用していくという水産教育を学ぶ若者への期待と使命とが込められた言葉です。

若狭地区の学校再編により、平成二五年四月に小浜水産高校は本校と一緒になり、海洋科学科が設置されて今年で七年が経ちます。この間平成二七年三月には、小浜水産高校が一一九年の歴史の幕を下ろして閉校し、福井県の水産教育の未来は海洋科学科に託されました。

この七年間、海洋科学科の先生方の努力と苦労は大変なものであったろうと思います。従来の水産教育を抜本的に見直し、これからの水産教育に求められるより科学的で専門的な教育内容を取り入れるとともに、水産教育を通して社会全般に求められる能力の育成にも努めてこられました。

近年、その成果がはっきりと表れ始めています。一昨年は小浜水産高校時代から一二年間にわたり三〇〇名を超える生徒が研究開発を進めてきた「サバ缶」がＪＡＸＡより宇宙日本食に認定されました。日本人宇宙飛行士がサバ缶を口にする日が待ち遠しく、今から本当に楽しみです。

また、本校が高校生としては世界で初めて取り組んだマイクロプラスチックの研究では、アメリカや台湾、シンガポール、フィリピンなどの高校や大学との共同研究が年を重ねるごとに進展し、昨年は京都大学において本校が主催する「第一回 International Micro Plastics Youth Conference 2019」を開催しました。

「サバ缶」の宇宙食認定と合わせて、世界に誇れる教育の成果だと思います。

こうした取り組みを見事にやり遂げる海洋科学科の生徒の皆さんの成長にも目を見張るものがあります。日頃から各教科・科目の学習や課題研究にしっかり取り組み、部活動等でもリーダーとして活躍する姿は若高生の模範となるものです。

卒業後の進路も、水産関係をはじめさまざまな分野に進んでいることから、水産教育を通して生徒の皆さんが社会で求められる普遍的な資質・能力を身に付けていることがわかります。

「海を拓く」

マイクロプラスチックをはじめとする海洋汚染や資源の乱獲等により、この言葉はますます重い意味を持つようになってきています。これからの水産教育には、海を開発し利用するだけではなく、これ以上海洋が汚染されることを食い止め、多様な資源と生態系を守り育てていくという大きな使命が課せられています。

そして、その先頭に立ち、日本はもとより世界のリーダーとして海を拓いていくのが、海洋科の生徒の皆さんであり、それを支える先生方なのです。

人類の未来を背負う自覚と誇りを持って、歩みを進めていきましょう。

第二章　〈探究学習が未来を切り開く〉

二〇二〇年度

休業期間はたびたび延長され、生徒の中には心身に不調をきたす者が出始めました。昼夜が逆転してしまった生徒や勉強が全く手につかない生徒など早急に支援が必要な生徒が増える一方で、当時はまだタブレット端末の配布や Wi-Fi 環境の整備が進んでいなかったため多くの学校が支援方法に頭を悩ませていました。

生徒たちは学校が再開された六月一日まで三か月にわたり自宅待機となり、友達に会うことも好きな部活動に打ち込むこともできなくなりました。三年生は集大成である春季総合体育大会やインターハイが中止となり、そのまま部活動を引退することになりました。彼らのことを思うと今でもやりきれない思いになります。

こうした危機的な状況において迅速な支援に立ち上がったのが学年会の先生方でした。四月に入るとすぐに新担任が各家庭に連絡を取り、ラインでクラスルームを開設して毎朝ホームルームの時間を設け健康観察と起床・就寝時間の確認、学習状況の確認などを行い、生活が乱れていたり学習が手についていない生徒にはその日のうちに連絡を取って相談に乗るなど学校再開までの二か月間、温かくきめ細かな支援を行いました。

保護者に対してもＰＴＡと協力してアンケートを実施し、各家庭で困っていることや工夫していることなどを共有するとともに相談を希望する保護者にはオンラインで面談を行うなど考えられる限りの支援を行いました。

六月一日に三か月ぶりに学校が再開された時、各担任はすべての生徒の学習状況や家庭での様子について把握し保護者との信頼関係も築いていました。

休業期間中の県による迅速な支援も大変ありがたかったです。タブレット端末やモバイル Wi-Fi をいち早く提供していただいたことで、五月のはじめには各校がオンライン授業を行えるようになり、生徒の学びの支援に大いに役立ちました。

この休業期間中の各学校の取り組みについて、京都大学の石井英真先生は、「休業期間中、学校から出される課題には学び手の目線で考えられていないものが多く、『課題爆弾』ともいうべきものであった。オンライン授業においても『授業を進める、授業を届ける』というだけでは『生徒の学びを保証する・学びを支援する』ことにはならない」と述べています。

若狭高校の先生方は毎日生徒の様子を把握することで、課題やオンライン授業が本当に生徒の学びの保証になっているのかを確認し生徒の状況に応じて柔軟に対応していました。

まさに伴走者として生徒一人ひとりに寄り添う支援ができていたと思います。

そしてその成果は、大学合格率の大幅なアップという形で現れました。若狭高校では多くの生徒が国公立大学への進学を希望していますが、近年合格者が減少傾向にあり、保護者からも偏差値重視で生徒の希望を軽んじているのではないかといった不満が出ていました。

こうした状況を一変させたのが、学校再開後も担任の先生方が繰り返し面談を行って生徒の「やりたいこと探し」に粘り強く寄り添い、目標を共有して生徒の主体的な学びを支援し続けたことです。生徒のやりたいこと探しに寄り添うと言うのは簡単ですが、効果的に支援を行うためには各大学で学べる学問分野についての教員の深い理解が必要になってきます。そこで先生方は時間をかけて全国の大学を調べ、どの大学の、どの研究室で、どのようなことを学べるのかということへの理解を深めたうえで、一人ひとりの生徒の希望進路や探究学習の内容などと関連付けて生徒とともに志望校を決めていきました。

例えば、歴史学について学びたいと考えていた生徒は、全国の大学の研究室を調べてその中から自分が学びたい研究内容を探し出し、見事志望校に合格しました。学校によっては、出願先を決める際に生徒の希望よりも偏差値を優先する傾向がありますが、若狭高校では生徒が学びたいことを学べるのはどの大学かということを大切にして、いわば生徒のキャリア実現を大切にして志望校の検討を行っているのです。

また、こうした支援ができた背景には、この年から授業時間を削減し、放課後や休日の課外授業を取りやめたことで先生方がじっくりと生徒に向き合う時間を持てるようになったことがあります。

二〇二〇年の合格者は過去十年間で最高となり、翌年もそれに勝るとも劣らない結果となっています。

わずか一年で「担任損」という言葉は聞かれなくなりました。担任の先生方は、生徒に寄り添い、信頼関係を築き、生徒が主体的に学びを進めて希望進路を実現していく姿を一番そばで支援し伴走していくことに喜びとやりがいを感じているのだと思います。

三か月に及ぶ臨時休業は学校にとって重大な危機でした。しかし、この危機を転機として生徒、保護者との信頼関係を築き、生徒一人ひとりの学校生活の充実と希望進路の実現に力を尽くしている先生方を私は誇りに思います。

また、この間（二〇一八～二〇二一）全国的に課題となっている探究学習の指導と評価の方法についてもＳＳＨ・研究部が部長の兼松かおり先生を中心に横浜国立大学・脇本健弘研究室、株式会社内田洋行と共同で研究開発を進め、二〇二一年度末に「探究の学びに関する実態調査と結果の可視化ツール」を完成させました。若狭高校では、本ツール（探究学習の際の生徒の行動をリスト化した八〇項目からなる質問紙調査）による調査を学期末などに実施し、先生方が回答結果をもとに学科や学年、クラスにおける生徒の学びの現状や課題、授業の進め方などについて対話を重ねていくことで授業改善を図っています。

全国の学校が無償で利用できますので、ぜひ探究の授業改善に役立てていただきたいと思います。

■第二章の言葉から■

「自分はどういう人生を送りたいのか」という「問い」が、「人類にとっての問い」と重なるものであってほしいと願っています。

〈人生の目的を言葉にしよう〉

「変わらないために変わり続けていくこと」、「変わり続けることにより、秩序を作り直し続けていくこと」、その大切さを皆さんにお伝えしたいと思います。

〈エントロピー増大の法則〉

「方法記憶」は「魔法の記憶」とも言われており、物事の根底や背景にある考え方や理論を理解することで記憶力や応用力が飛躍的に高まります。皆さんも知識を丸暗記するのではなく、知識の背景にある理論を理解することを心がけてください。また、記憶の定着には出力が欠かせません。友達同士でどんどん教え合い、学び合うことで記憶が定着するとともに最初にお話ししたように「やる気」のアップにも繋がります。

〈ライオン法〉

探究学習は、若狭地区の小中学校でも着実に進んでいます。近年は小中学校の探究学習の発表会などで本校の生徒がアドバイスを求められる機会も多く、小中高の児童、生徒の皆さんが連携してこれからの地域のあり方を考える良い機会になっています。小浜市の窪田教育長からは「若狭高校の探究への取り組み、そして成長していく生徒の皆さんの姿が小中学生のモデルになる」という期待の言葉をいただきました。これからも小中高が連携して探究学習に取り組むことで、地域をはじめ日本、そして世界の未来を切り開く若者が若狭地域から育っていくことを確信しています。

〈探究学習が未来を切り開く〉

「異質のものに対する理解と寛容」の精神に基づき、他者を認め尊重する心を持ちながら、科学的なものの見方や考え方に基づいて適切に状況を判断し、責任を持って主体的により良い社会を築いていこうとする意志と行動力、すなわち「Agency《エージェンシー》」を発揮していくこと、それがすなわち「教養豊かな社会人」というものであり、これからの市民に求められる資質ではないかと思うのです。

〈君たちを誇りに思う〉

人生の目的を言葉にしよう

三年学年集会

May 25
2020

皆さんこんにちは。三か月に及ぶ休業期間にようやく出口が見え、六月一日から学校を再開できることとなりました。本来であれば、この時期は春季総体を目前に控え、運動部の皆さんは三年間の総仕上げの練習に打ち込んでいる時です。文化部の皆さんもそれぞれの活動が最も充実している頃だと思います。そのことを思うと本当に辛く残念でなりませんが、今は目前に控える進路選択、進路実現に向けて、気持ちを切り替えて進んでいきましょう。

明確な見通しが立たない状況が続きますが、こうした状況だからこそ、私は皆さんに人生の目的をしっかり持って、それを言葉にしてほしいと思っています。

そこで、今日は皆さんに、「人生の目的を言葉にしよう」というテーマでお話ししたいと思います。この話をしようと思ったきっかけは三浦崇宏氏の「言語化力―言葉にできれば人生は変わる―」を読んだことです。三浦氏は博報堂勤務を経て現在ザ・ブレイクスルーカンパニーGO代表を務める、いま最も注目されているクリエイターです。

三浦氏が手がけたものとして、最近では漫画「キングダム」があります。「キングダム」は、中華統一を目指す秦王嬴政《えいせい》を支え大将軍を目指す家臣の「信」を主人公とする「ビジネス本」として多くのビジネスマンから支持され大ヒット作品となりました。

三浦氏は、「言葉には目の前の風景を一瞬で変える力」があり、「日常的に使っている言葉こそが皆さんの価値を明確にし、成長させ、願いを叶える最強の武器」であるとして、三浦氏自身も人生の目的を次のように言葉に表しています。「人類にとって最も大きな問いを解く人間になりたい」。

そして、「人類にとって最も大きな問い」への一つの回答例として「パラリンピック」を挙げています。この「パラリンピック」という言葉が生まれたことで、世界中の多様な人々への理解と共感が生まれ、多様性（ダイバーシティ）の大切さが人類に共有されることになりました。「パラリンピック」という言葉が世界を変えたと氏は述べています。

「多様性（ダイバーシティ）」は、「異質のものに対する理解と寛容」という教育目標にもつながります。氏の言葉を借りるなら、私たちは「人類にとって最も大きな問い」の一つを教育目標としているのです。

また「人類にとっての問い」という言葉は、皆さんが取り組んでいる探究学習にもつながります。皆さんが立てるさまざまな「問い」は、地域の課題や科学的な事象等、テーマや分野はちがっても「人類にとっての問い」であることに違いはありません。

今、皆さんは「自分はどういう人生を送りたいのか」という「問い」に向き合っていることと思います。できることなら「自分はどういう人生を送りたいのか」という「問い」が、「人類にとっての問い」と重なるものであってほしいと願っています。

次に三浦氏が提案する「人生の目的を言葉にする」二つの方法について紹介します。

一つめは、「自分が何をしている時が一番楽しいか」を考えることです。これまでの人生でどのような時が一番楽しかったのか、自分の幸福のポイントはどこにあるのかを考えてそれを目標にすることです。

二つめは、「言葉の因数分解」により、自分を見つめ直すことです。

具体的には、例えば「勉強する気がおこらない」のであれば、それを「勉強」と「する気がおこらない」という要素に分解して、「勉強」とは、どの教科のどの分野や内容についてなのか、「する気がおこらない」とは、どうして、何が原因なのか、など一つひとつの要素について具体的に考えていくことで、漠然とした気持ちや考えが明確になり、問題の本質が見えてくるということです。「言葉を因数分解する」ことで、自分自身を見つめ直し、すべきことややりたいことを明確な言葉にして目的としていきましょう。

先が見えない不安定な時だからこそ、言葉によって人生の目的を明らかにし、その目的に向かって歩みを進めていく、「遠くを見つめて今を生きる」、そういうことが大切なのではないかと思います。ぜひ人生の目的を言葉にしてみてください。

Agency《エージェンシー》を発揮する若高生

一学期終業式式辞

July 31 2020

皆さんおはようございます。六月から学校が再開され今日で二か月になります。この間、世界中が新型コロナウィルスへの対応に追われ、学校生活においても皆さんにさまざまな感染防止対策をお願いしてきました。しかし、依然として感染は拡大し、気を緩めることのできない毎日が続きます。

こうした状況を踏まえ、新型コロナウィルスとの共存を前提とした新しい世界のあり方を模索する「With《ウィズ》 コロナ」や「New Normal《ニューノーマル》」といった言葉をよく耳にします。皆さんは、こうした言葉や日々の生活からこれからの世界のあり方をどのように考えていますか。

そして、これからの世界にどのように関わっていきたいと思いますか。

昨年、日本財団が世界九か国の一七～一九歳の男女九〇〇〇人（各国一〇〇〇人）を対象に「社会や国に対する意識調査」を実施しました（インド・インドネシア・韓国・ベトナム・中国・イギリス・アメリカ・ドイツ・日本）。

その中に「自分自身について」尋ねる質問が六つあります。今から質問を読み上げるので「はい」

か「いいえ」で回答してみてください。

① 自分を大人だと思う（日本二九・一％　平均七一・一％）
② 自分は責任がある社会の一員だと思う（日本四四・八％　平均八二・五％）
③ 将来の夢を持っている（日本六〇・一％　平均八九・〇％）
④ 自分で国や社会を変えられると思う（日本一八・三％　平均五三・九％）
⑤ 自分の国に解決したい社会課題がある（日本四六・四％　平均七二・七％）
⑥ 社会課題について、家族や友人など周りの人と積極的に議論している（日本二七・二％　平均六九・三％）

調査の結果、日本の若者は全ての質問で飛び抜けて意識が低いことがわかりました。皆さんの回答結果はどうでしたか。そして、この調査結果をどのように分析しますか。

私は、この結果の背景・原因の一つに教育が直面する課題があり、それは本校にも当てはまると考えています。本校ではこうした課題の克服のために授業改善や探究学習の充実に努めるとともに、昨年から皆さんに「主体的に考え、行動し、責任を持って社会改革を実現していく意志や姿勢を持つこと」、すなわち「Agency《エージェンシー》」を持とうという話をし、私たち教職員も「皆さんが目標に向かって進むのを主体的かつ協力的に支えるコミュニティの形成」、すなわち「Co-Agency《コエージェンシー》」の形成に努めています。

一年生の皆さんは、今日初めて「Agency」という言葉を耳にしたと思います。そこで、今日は若狭高校生の中で「Agency」を発揮している取り組みを紹介したいと思います。

一つめは、本校生三人が休業期間中に取り組んだ小浜の飲食店と家庭を支援する活動です。三人はフェイスブック等を活用して「食の町小浜テイクアウト情報」と「小浜おうちでごはんコンテスト」を発信・実施し、外出自粛で打撃を受けた飲食店やストレスを抱える市民を支援する活動を行ってきました。三人の活動に多くの市民が共感し、支援や活動の輪が広がっています。

二つめは、前期生徒会執行部の取り組みについてです。

新型コロナウィルスの感染拡大により合唱コンクールが中止になるなど、生徒会活動も大きな影響を受けています。執行委員長を中心とする三九名の執行部の皆さんは、こうした状況にいち早く対応するため、三月下旬より五月末までの二か月間、ＺＯＯＭによる執行部会を一〇数回（一回につき二~三時間）にわたって行い、「今自分たちにできること」を話し合い、できることから取り組んできました。

執行部が休業期間中から取り組んできたことは大きく二点あります。

一点目は、ホームページを活用した全校生徒への支援です。四月はじめから生活向上委員会がオンライン意見箱を設置して皆さんからの質問や意見に回答する取り組みを始めるとともに、風紀委員がモデルとなって制服の着こなし方を紹介したり、図書委員が小論文を必要とする三年生のために書籍を紹介しあうなどの活動を行ってきました。

二点目は、行事の実施方法の検討です。執行部では行事を一から見直し、できる限りの感染防止対策をとった上で「学校祭」「体育祭」を計画し、さらに体育祭の終わりに各色を中心とする全員合唱を計画することで、「合唱コンクール」を取り入れる工夫もしてくれています。

また、例年以上に三つの行事の関わりを大切にしたいと考え、統一スローガンとして「煌繫（こうけい）」を掲げました。このスローガンには、「一人では煌めくことはできないが、みんなで繫がって協力すれば煌めくことができる」という思いが込められているそうです。

このスローガンのもと、皆さんが繫がり、協力して、素敵な学校祭・体育祭を創り上げてほしいと思います。

いま紹介した二つの取り組み以外にも、五月にはオンラインで開催された「二〇三〇年の教育を考える世界教育会議」に五名が参加し、新型コロナウィルス感染拡大による学校教育の課題について議論したり、海洋科学科の二年生がムラサキウニを使った加工食品「塩ウニ」を開発したりするなど、多くの皆さんがさまざまな社会課題に目を向け、それを解決する意思「Agency」を持ち、いろいろな人と繋がり協力して、より良い社会を築くための取り組みを始めています。

こうした皆さんの取り組みは、執行部が掲げた統一スローガン「煌繋」に込めた思いにも繋がります。校内においては、生徒間の繋がりを大切にして各行事に臨み、校外においては地域や世界の人々と繋がり協力して、「With《ウィズ》コロナ」や「New《ニュー》 Normal《ノーマル》」に象徴される新しい世界のあり方を考え、みんなが幸せになれる社会を築いていく、「煌繋」はそうした意味も含んでいるといえるのではないでしょうか。

今日までの二か月間は、制約が多く張り詰めた中での毎日だったと思います。短い夏休みになりますが、疲れを癒やし、自分自身を見つめ直して、新たな一歩を踏み出す機会にしてください。良い夏休みを。以上で、私の話を終わります。

エントロピー増大の法則

二学期始業式式辞

Aug. 17 2020

二学期のはじめにあたり、生物学者で青山学院大教授の福岡伸一氏の『最後の講義─どうして生命にそんなに価値があるのか─』という本から、「エントロピー増大の法則」と「動的平衡」をテーマにお話ししたいと思います。

まずこの本は、もともと「もし今日が最後だとしたら何を語るか」という問いのもとに、福岡先生が学生に講義を行ったものを本としてまとめたものです。いわば、福岡先生が生物学者として今最も伝えたいことが書かれている本といっても良いでしょう。

その中で、特に大切なのが「エントロピー増大の法則」に対して生物が「動的平衡」により対応してきたという内容です。「エントロピー増大の法則」というのは、「秩序あるものは、秩序がない方向にしか動かない」という宇宙のシンプルな大原則のことです。「エントロピー」とは「乱雑さ」という意味です。つまり「乱雑さは必ず増大する」ということです。

例えば、きれいに整理整頓されている机の上も時間がたてば乱雑になることや、できた当初は美しい建物も時間がたてば傷んでくること、淹れたての熱々のコーヒーも一〇分もすればぬるくなること、熱烈な恋愛も時間がたてば冷めてしまうことなど、私たちの身の回りの事象は、私たち自身も含めて全て「エントロピー増大の法則」に則っているというわけなのです。

そして、この法則に対抗するために、生命は「動的平衡」という手段を講じ、三八億年間存続してきました。「動的」とは「常に動いていること」、「平衡」とは「バランスをとること」です。どういうことかというと、生命は絶えず自分自身を積極的に壊し（分解し）、作り替える（合成する）という「動的平衡」を繰り返すことで、エントロピーが増大する前に秩序を作り直し続けて、生命を存続させてきたということです。例えば、私たちの胃や小腸、大腸などの消化管は二、三日で、筋肉は二週間で入れ替わります。

ですから、一年前の自分と今日の自分はほぼ別人と言ってもよいのですが、私たちの身体は互いに補い合い支え合って、自分自身がそう簡単に変わらないような仕組み（これを相補性といいます）になっており、細胞が入れ替わっても記憶は保存されるので、「私は私である」という自己同一性、アイデンティティを保つことができます。

つまり、私たちは「エントロピー増大の法則」に対抗するため、「動的平衡」を繰り返し、常に身体を作り直すことによって、「変わらないために変わり続けている」というわけなのです。

この「動的平衡」という仕組みは組織に当てはめて考えることもできます。例えば、学校は毎年卒業生を送り出し新入生を迎えますが、生徒は入れ替わっても文化や伝統が簡単に変わることはありません。それは、生徒の皆さんが互いに尊重し合い、支え合いながら学校の文化や伝統を共有しているから、いわば「相補性」が機能しているからです。

若狭高校も、毎年生徒と教職員が入れ替わりながら、文化や伝統を継承しています。先ほど、「変わらないために変わり続けている」といいましたが、見方をかえると「変わり続けていくことでしか、人も組織も存続することはできない」ということなのです。

今、新型コロナウィルスという外的な脅威により「エントロピーが増大」し、人類はこれまで築き上げてきたさまざまな社会システムや秩序の見直しを迫られています。そして、これに対抗するためには、私たち自身も、学校をはじめとするあらゆる組織も「動的平衡」を繰り返し、秩序を作り直し続けていくことが必要です。

「変わらないために変わり続けていくこと」、「変わり続けることにより、秩序を作り直し続けていくこと」、その大切さを皆さんにお伝えして二学期始業式の式辞とします。

ライオン法

三年生大学入学共通テスト出願説明会

Sep.4 2020

今日はこれからの過ごし方についてお話ししたいと思います。

昨年、二学期終業式で脳科学者の池谷裕二氏の話をしましたが覚えているでしょうか。「脳は身体に従う」という内容で、毎日決まった時間に机に向かうなどまず身体を動かすことが脳を刺激し「やる気」にさせることや、友達と褒め合ったり自分で自分を褒めたりして「達成感」や「うれしさ」を感じることが脳を刺激し「やる気」にさせるといった話をしました。今日は、その池谷さんの「受験脳の作り方」という本から「ライオン法」という学習方法を紹介します。

「ライオン法」というのは、ライオンの習性に着目した記憶力を高める学習方法のことです。私たちの祖先も太古の昔狩りをしていたことから、ライオンと共通する習性が脳には残っており、そこに着目することで記憶力を高めるというものです。ポイントは三つあります。

一つめは、ライオンは空腹で狩りに出る時に記憶力が高まるということです。空腹になり狩りに出る時に、これまでの記憶をたどり獲物を狙うというわけです。

私たちも同じです。満腹時に頭は働かず、空腹時に記憶力が高まりますので、ちょっとおなかが減っているぐらいが学習効率を高めるためにはちょうど良いと思います。

また、池谷さんによると、睡眠中に脳の「海馬」が記憶を整理することから、寝る一、二時間前が「記憶のゴールデンアワー」だそうです。覚えたら忘れないうちに寝ることで、睡眠中に記憶が整理されます。英単語や古文単語等の暗記は寝る直前に行い、整理のための睡眠時間を十分とるとよいでしょう。

二つめは、ライオンは獲物を追って歩いたり走ったりしている時が最も脳が活性化しているということです。私たちも同じです。椅子に座って黙々と覚えるよりも、歩きながら覚えたり、声に出して覚えたりする方が記憶力は高まります。

脳の「海馬」からはワクワク・ドキドキして好奇心が高まっている時に記憶力を高める「シータ波」が出ます。「シータ波」は、歩いたり走ったりしている時に出やすいので、歩きながら記憶すると定着率が上がるのです。

ここで大切なのは、記憶の方法です。記憶には大きく「知識記憶」と「方法記憶」があります。「知識記憶」はいわゆる丸暗記のことで、例えば理科や数学の公式そのものを覚える方法です。これに対して「方法記憶」は、公式そのものを覚えるのではなく、公式の導き方を覚える方法です。

「方法記憶」は「魔法の記憶」とも言われており、物事の根底や背景にある考え方や理論を理解することで記憶力や応用力が飛躍的に高まります。皆さんも知識を丸暗記するのではなく、知識の背景にある理論を理解することを心がけてください。

また、記憶の定着には出力が欠かせません。友達同士でどんどん教え合い、学び合うことで記憶が定着するとともに最初にお話ししたように「やる気」のアップにも繋がります。

三つめは、ライオンは寒さに対して危機感を覚え、記憶力が高まるということです。私たちも同じです。学習効率は気温や室温が低い方が上がりますので、学習時には部屋の温度を低めに保つことを心がけてください。

要するに、「ライオン法」というのは、脳が空腹や寒さなどの危機的な状況や好奇心が刺激されワクワク・ドキドキする時に活性化するという習性に着目し、学習時にその状態を作り出すことで記憶力を高める方法なのです。皆さんが学習する上で少しでも参考になればと思います。

最後に、学年集会でお話ししたように、人生の目標を言葉で表し、目標達成を妨げる要因を「因数分解」して、一つひとつ課題を解決していきましょう。

私たちも全力で皆さんを応援します。

探究学習が未来を切り開く

Nov.30
2020

今回は「探究学習が未来を切り開く」というテーマでお話ししたいと思います。

一一月二七日（金）は、若狭高校に関わってくださるすべての方にとって忘れられない一日になったのではないかと思います。平成一八年に小浜水産高校から始まった宇宙食「サバ缶」へのチャレンジが一四年の歳月を経て実を結び、国際宇宙ステーションに滞在する野口聡一宇宙飛行士が海洋科学科の生徒さんが作った「サバ缶」を口にされて「大変おいしい。高校生の皆さん、ありがとう」と絶賛してくださったのです。

この日を夢見て、サバ缶の研究に打ち込みタスキをつないできた三〇〇人を超える生徒の皆さんと教職員の願いが実現した瞬間でした。これまでサバ缶の研究に携わってこられたすべての皆さんの努力が最高の形で報われたことを心から称えるとともに、国際宇宙ステーションからの最初の発信でサバ缶を取り上げ若狭高校を紹介してくださった野口さんに深く感謝申し上げます。

平成三〇年に宇宙食に認証されてからも今日に至るまで、後輩たちがサバ缶の研究を引き継ぎ夢は受け継がれています。地域から世界、そして宇宙へ。サバ缶に象徴される本校の探究学習は、若高生にとって未来を切り開いていく貴重な学びの場になっています。

この日は内閣府が主催する「未来をつくる若者・オブ・ザ・イヤー」の表彰式も行われ、コロナ禍で困難な状況にある飲食店を支援する「食のまち小浜テイクアウト情報」を立ち上げ、飲食店や市民に元気と勇気を与えるとともにつながり助け合うことの大切さを伝えてくれた三年普通科の村宮汐莉さんが最高賞である内閣総理大臣賞を受賞しました。

本校ではＳＳＨにおいて「地域資源活用型探究学習による地域と世界を結ぶ科学技術人材の育成」を目標として探究学習に取り組んでいます。村宮さんの取り組みもサバ缶の研究もまさに地域に根差した活動であり、地域の課題や資源に目を向けて解決策や活用方法を考え、提案・実行することを通して地域の皆さんを勇気づけ、若狭地域の未来を切り開く取り組みとなっているのです。

探究学習は、若狭地区の小中学校でも着実に進んでいます。近年は小中学校の探究学習の発表会などで本校の生徒がアドバイスを求められる機会も多く、小中高の児童、生徒の皆さんが連携してこれからの地域のあり方を考える良い機会になっています。小浜市の窪田教育長からは「若狭高校の探究への取り組み、そして成長していく生徒の皆さんの姿が小中学生のモデルになる」という期待の言葉をいただきました。これからも小中高が連携して探究学習に取り組むことで、地域をはじめ日本、そして世界の未来を切り開く若者が若狭地域から育っていくことを確信しています。

国語教育を取り巻く厳しい現状

会誌『国文学』五十六号

Dec. 10 2020

昨年度は国語科にとって二つの大きな出来事がありました。

一点目は、今年度導入される大学入学共通テストにおける国語と数学の記述式問題導入の見送りです。この問題については、先に文部科学大臣による「身の丈」発言をきっかけに英語への民間検定試験導入が見送られ、その後国語と数学の記述問題導入についても採点公平性に懸念があるということにより導入見送りとなりました。記述式問題をあらためて導入する可能性については、大臣より、英語とちがい期限を区切った延期ではなく、まっさらな状態から対応したいという旨のコメントがあり、事実上白紙に戻った状況です。

これにともない、大学入学共通テストにおける国語の出題内容や配点、試験時間等も変更を余儀なくされることとなり、受験生やそのご家族にとって困惑する事態となっています。こうした状況の下、国語科の先生方におかれましては、入試制度の変更にかかわらず、これまでどおり授業を通して生徒一人ひとりの確かな学力の育成をお願いいたします。

二点目は、ＯＥＣＤが二〇一八年度に七十九カ国・地域の一五歳を対象に実施した学習到達度調査（PISA）の結果、日本の高校一年生の読解力が一五位と、八位だった前回調査（二〇一五年）から大きく順位を落としたことです。

今回の調査は二〇一五年と同様にパソコンで実施され、読解力調査は新たにブログなどのインターネット上の多様な文章形式で出題され、文章の質や信憑性を評価する能力が初めて測定されました。

文科省は読解力の低下について、根拠を示して考えを述べる力や情報の真偽を見極める力などに特に課題があるとし、こうした結果の背景に日本の授業中のデジタル機器の利用がOECD加盟国の中で最低であり、本や雑誌と異なる形式の文章に慣れていないことなどがあると分析している一方で、二〇二〇年度から順次実施される新学習指導要領により、各教科で言語能力を育成し読解力を育成できるとしています。

こうした中、日本の国語教育の指導については、国立情報学研究所の新井紀子教授が「日本語だから普通に読めば分かる」という認識のまま授業が進められ文章の構造を論理的に教えていないため、文章を感覚で捉える癖がつき理解できなくなっているのではないかと指摘するなど、厳しい目が向けられています。

国語教育に対しては、生徒からも厳しく評価されています。

昨年一〇月二四日（木）、二五日（金）に鹿児島市で開催された全国高等学校国語教育研究連合会第五二回研究大会における大滝一登視学官による講話「高大接続と新学習指導要領」の中で、平成三〇年度全国学力・学習状況調査の結果が示されました。国語に関する主な調査結果は次のようになっています。（平成一七年度高等学校教育課程実施状況調査との比較）

○「国語の勉強は大切だ」について。
「そう思う」または「どちらかと言えばそう思う」と肯定的に回答した生徒の合計は八六・四％
（前回調査では八一・九％）

○「国語の勉強が好きだ」について。
肯定的に回答した生徒の合計は四七・七％（前回調査では四五・二％）

○「文学的な文章を読むこと」について。
「好きだった」と回答した生徒は二九・六％、「嫌いだった」と回答した生徒は四〇・七％
（文学的な文章に生徒は興味を持ちやすいと考えている教師は六四・三％）

○「科学的な文章を読むこと」について。
「好きだった」と回答した生徒は一八・五％、「嫌いだった」と回答した生徒は四八・七％
（科学的な文章に生徒は興味を持ちやすいと考えている教師は二一・四％）

○「古典嫌い」の生徒は、古文七二・六％（前回調査では七四・八％）、漢文七一・二％（前回調査では七〇・五％）

前回調査に比べ、国語の勉強が大切だと思う割合や好きだという割合は若干増加していますが、現代文の勉強が嫌いな生徒が四〇％を超え、古典嫌いの生徒に至っては七〇％を超えています。

また、文学的な文章を読むことに関しては、六四・三％の教師が生徒は文学的な文章に興味を持ちやすいと考えているのに対し、「好きだった」と回答した生徒が二九・六％にとどまるという大きなズレが生じています。

私たちは、私たちが思っている以上に生徒の国語に対する興味関心は低いという事実に基づいて、授業を組み立てていく必要があるのではないでしょうか。

国語教育を取り巻く状況については、以上述べてきたことに加えて、高校生で一か月に一冊の本も読まない不読者率が五〇％を超え、新聞や雑誌を読む生徒も減少の一途をたどるなど活字離れが急速に進んでいます。こうした状況を踏まえ、本部会を通して各校の先生方が教材や指導法を共有して授業改善等への取り組みを進めていかれることがますます重要になってきます。先生方には、今後とも本県の国語教育の充実と発展のためにご尽力くださいますようお願い申し上げましてご挨拶とさせていただきます。

正常性バイアス

二学期終業式式辞

Dec. 23 2020

皆さん、おはようございます。二学期、そして一年の締めくくりにあたり、今年をふり返りお話ししたいと思います。

今年の初めに中国、武漢に端を発した新型コロナウィルスによる感染は、世界中で拡大の一途をたどり、私たちの生活も大きな影響を受け続けてきました。三月二日からの臨時休業により学校における全ての教育活動が停止するとともに、皆さんは外出することも友達に会うこともままならなくなり、実に三か月もの間自宅での生活を余儀なくされました。入学式は一か月遅れで実施し、六月一日の学校再開後も合唱コンクールは中止、学校祭・体育祭も感染防止対策を徹底した新たな企画を取り入れて実施しました。

二年生の沖縄修学旅行、シンガポール語学研修旅行も、クラスごとの研修旅行に切り替えて準備を進めてきましたが、やむを得ず三月に延期することにしました。

特に三年生にとっては、高校生活の集大成である春季総体や合唱コンクールなどが中止となるとともに、大学入学共通テストなど新たな入試制度が導入される年にもあたり、やりきれない思いや受験への不安などさまざまな思いを抱きつつ今日まで過ごしてきたことと思います。

しかし、こうした困難な状況を乗り越えて、三年生の皆さんは学校祭・体育祭を思い出に残る素晴らしい行事に創り上げ、それぞれの進路実現に向けてたゆまぬ努力を続けてこられました。私は、三年生の皆さんを心から誇りに思います。そして、卒業までのあと三か月間、先生方とともに全力で応援したいと思っています。

そのためにも、私たちはこれまで以上に新型コロナウィルス感染防止への意識を強く持ち行動する必要があります。そこで今日は、「日常と非日常」「平時と非常時」の判断や行動を左右する心の働きについてお話しします。

人には、非常時にも平常時の判断基準をもとに考え行動する傾向があり、これを「正常性バイアス」と呼びます。正常性バイアスとは、自分にとって都合の悪い情報を無視したり、過小評価してしまう特性のことで、新型コロナウィルス感染についても、「自分は感染しないし、他人に感染させることもない。それにもしかかっても軽症で済むだろう」と考えがちだということです。そして、そうした考えを多くの人が持ち行動している結果として、現在も感染が拡大し続けているということなのです。

では、この「正常性バイアス」を働かせないようにするにはどうすればいいのでしょうか。このことについて、思想家の内田樹氏は「正常性バイアスを解除するためには、自分が見ているものだけから今何が起きているのかを判断せず、複数の視点から寄せられる情報を総合して判断することが大切であり、そのためにも普段から自分自身の個人的な感覚や主観にこだわりすぎることなく、他者の視点に立って物事を複眼的に捉える知的な態度や習慣を養うことが大切である」と述べています。この、「他者の視点に立って物事を複眼的に捉える態度や習慣」というのは、「異質のものに対する理解と寛容」という教育目標に通じるものであり、また、各教科の授業における学び合いや探究学習における地域や専門家の方など多様な人々との交流、さらには書物や新聞を通してより広い世界に目を向け、自分自身のものの見方や考え方を豊かにすることによって養っていくことができます。

新型コロナウィルス感染に対する自分自身の「正常性バイアス」を解除することはもちろん、身の回りのいろいろなことに対して、皆さんには自分自身の主観にこだわりすぎることなく、他者の視点に立って物事を複眼的に捉えることを大切にしてほしいと思います。そういう態度や習慣を身に付けていくことが教育目標に謳われている「教養豊かな社会人」への第一歩ではないかと思うのです。

明日から冬休みが始まります。この一年を振り返って自分自身を見つめ直し、新たな決意とともに新しい年を迎えてください。一月八日に、またお会いしましょう。

孫子の兵法

大学入学共通テスト激励

Dec. 23 2020

皆さん、こんにちは。終業式に引き続き大学入学共通テストを直前に控えた皆さんに激励のお話をします。

終業式で「正常性バイアス」についてお話ししましたが、この心の働きは受験生にもよくみられる心理状態です。自分を客観視せず、自分にとって都合の悪い情報を無視したり、入試を過小評価したりして「何とかなるだろう」と思っている人がもしかすると皆さんの中にもいるかもしれません。そういう人は、今すぐ「正常性バイアス」を解除する必要があります。

中国の春秋戦国時代に編まれた「孫子の兵法」に皆さんもよく知っている有名な一節があります。

「彼を知りて己を知らば　百戦して危うからず
彼を知らずして己を知れば　一勝一負す
彼を知らずして己を知らざれば　戦う毎に必ず危うし」

この一節は、まさに「正常性バイアス」を解除する方法を示したものです。受験に当てはめると、「彼」は共通テストであり志望校です。

「己」を知って「彼」を知れば、「百回受験しても必ず合格」することができます。

そのために皆さんに心がけてほしいことが二点あります。

一点目は、「己」を知ること、すなわち自分自身の現状を客観的に把握することです。これまで受けてきた模試をもう一度見直し、苦手分野やできなかった問題を洗い出してその克服に努めてください。その際、以前お話しした「魔法の記憶」と言われる「方法記憶」を心がけてください。時間がないからと多くの問題をこなすよりも、一問一問の解説を丁寧に読み込み、問題の根底や背景にある考え方や理論を理解することが大切です。まずは共通テストに向けて、量よりも質にこだわり学習をすすめてください。

二点目は、「彼」を知ること、すなわち志望校の出題傾向を分析し的を絞って学習することです。共通テスト翌日から二月二五日の前期試験までの間、共通テストの結果に一喜一憂することなく、気持ちを切り替えて直ちにスタートを切り、志望校の過去問を徹底的に分析して、データに基づいて学習をすすめてください。

皆さんの先輩の多くが経験していることとして、どうしても解けなかった問題が二次試験の直前になって突然解けるようになるということがあります。受験生はこれから伸びていきます。今解けなくてもあきらめず粘り強く問題に向き合うことで必ず解けるようになりますから、夢を叶えるという強い思いを持ち、自分自身の可能性を信じて机に向かってください。

君たちを誇りに思う

第七二回卒業式式辞

Mar .2
2021

ただ今、卒業証書を授与しました、全日制三〇〇名、定時制七名、計三〇七名の皆さん、卒業おめでとう。皆さんは、若狭高校でのすべての業を終え、本日晴れて卒業の日を迎えられました。

振り返ればちょうど昨年の今日、全国の学校が一斉に臨時休業に入り新型コロナウィルスとの長い闘いが始まりました。三か月に及ぶ休業期間を経て六月に学校が再開された時点で多くの皆さんが部活動の引退を余儀なくされ、授業や行事なども制約が多い中で実施されました。就職試験の延期や入試制度の度重なる変更などもあり、皆さんにとっては、やりたいことも存分にできず、先の見通しも持ちにくい辛く不安な一年だったと思います。

しかし、こうした状況にあっても、皆さんは今できることを大切にし、創意工夫を凝らして思い出に残る学校祭や体育祭を創り上げ、それぞれの進路実現に向けてひたむきに努力されてきました。全日制、定時制ともに、全校生徒が唯一一堂に会することが出来た体育祭での皆さんの躍動する姿や弾けるような笑顔、青空いっぱいに響き渡った全員合唱の美しい歌声が、まるで昨日のことのように思い出されます。

皆さんの取り組みは社会からも高く評価されました。七月にはSSH第二期の中間評価において全国七七校中トップの評価を得、一一月には国際宇宙ステーションから野口聡一宇宙飛行士が「サバ缶」、そして若狭高校を、全世界に紹介してくれました。

SSHの取り組みは一〇年目、サバ缶の研究は一四年目と長い年月をかけて先輩方から受け継がれ、質を高めてきたものです。多くの先輩方の学びが皆さんの学びへと受け継がれ、皆さんが最高学年である今年度、豊かな実りをもたらしました。

皆さんの学びもまた、一、二年生に受け継がれていくでしょう。さらに地域の方から探究学習をはじめ、主体的に学び続ける若狭高校生の姿は小中学生のよきモデルであるとして、小中学生の学びにもつながっていこうとしています。皆さんを中心に、地域全体に大きな学びのつながりが生まれはじめようとしているのです。

フランスの歴史人口学者であるエマニュエル・トッド氏は、この一年を振り返り、「まるで新型コロナが地球全体をスキャナーにかけて特権や力関係を明らかにしているようだ」と述べています。トッド氏の言うように、新型コロナによって各国の政治や経済、教育や文化、社会保障などあらゆる制度が精査され、これまで見えなかったさまざまな不合理や格差、分断の状況が明らかになってくる中で、今まさに主権者である国民の資質が問われています。

私たちに求められる資質として、UCLA大学教授のジャレド・ダイアモンド氏は、「他国の優れたところを学び取り入れながらも、自国の価値観を大切にする市民」であることが、また、ヘブライ大学教授のユヴァル・ノア・ハラリ氏は、「科学的なものの見方や考え方を身に付け、情報を適切に判断できる自覚ある市民」であることが、この危機を乗り切るために必要な資質であると述べています。


私は、二人が市民に求める資質は、皆さんが三年間の学びを通して身に付けてきた資質そのものではないかと思います。

「異質のものに対する理解と寛容」の精神に基づき、他者を認め尊重する心を持ちながら、科学的なものの見方や考え方に基づいて適切に状況を判断し、責任を持って主体的により良い社会を築いていこうとする意志と行動力、すなわち「Agency」を発揮していくこと、それがすなわち「教養豊かな社会人」というものであり、これからの市民に求められる資質ではないかと思うのです。

これからの未来を切り開き、より良い社会を創造していく主体となるのは皆さんです。

本校の卒業生であるという誇りを胸に、それぞれの道を歩んでいってください。

今、できること

定時制三学期終業式式辞

Mar. 23 2021

今日は定時制通信制連合文化祭「生活体験発表会」の本校代表生徒の発表「今、この一歩から」をもとにお話しします。

中学校の頃

「何をやってもうまくいかない。そんなことばかりを考えていた自信のない私は、中学校へ行けなくなりました。それぞれの個性を持った人達が活動する学校という社会に交じることが怖くて、その中に埋もれることが悲しくて、私は逃げました。それから、さらに自分を信じるということはなくなりました。」

若狭高校入学

「『とりあえず卒業』、私は入学にあたって、こんな目標を決めていました。とりあえず三年間高校に通って、友達とか学校生活とか何もなくても、それで卒業できればいいやという消極的な考えでした。全てに自信がなかったから、とりあえずそれでいいと自分にマイナスに言い聞かせていたのだと思います。」

一年生の頃

「入学したことで劇的に変化したわけではありませんでした。学校の人ともうまく話せず、常に緊張をしていました。頭の中では、こうできたらいいなという考えはありましたが、それを行動に移せず、まあ自分には無理だろうとあきらめていました。一年生の頃は、初めてのアルバイトも続かず、情けなくなり落ち込みましたが、学校には通い続け、無事に一年間を皆勤で終えることができました。」

二年生の頃

「あらためてしっかりしなくてはと気を引き締めたのは、二年生になってからでした。後期になると生徒会執行部の一員として学校行事のことを考える機会が増えました。人数が少ないこともあり、何かあると自分がやらなくてはと思うようになりました。

学校へ行くのが楽しい。私は初めてこんな気持ちになれました。友達や先生と、口角を上げて笑顔で話をしていると、私にもできるんじゃないか、と身体の底からエネルギーが湧いてきたような感覚になりました。私は今までにないことを経験し、それが小さな自信へとつながりました。」

三年生の頃

「一八歳になった今、完璧にならなくてもいい、そう思えるようになってきました。深く考えなくてもいい、俗に言うネガティブに分類される私だからこそ、失敗したときのためにいろいろなルートで解決策を考えます。そうやってマイナスなところをプラスに考えてみる。できるできないではなく、できると思う人間になりきる。そうするだけで行動に移せる。それができるようになる道への進み方だと私は考えました。」

三年生九月　生活体験発表会

「今、自分にできることをやり、少しずつ自信をつけていくことが大事なことだと思います。そうして、自分という人格を認め、好きになれればよいのです。

完全に自分を肯定できたわけではなく、これからも将来に向け、改善しなければならない点はたくさんあります。しかし、その不安の中で、どれだけ自分を見失わず、物事を考えていけるのかが大切です。」

彼女が歩んで来た道は、皆さんにとっても自分自身のこれまで歩んで来た道と重ね合わせて共感できるところがあるのではないでしょうか。一年生から二年生に上がるとき、二年生から三年生に上がるとき、あらためて自分自身を見つめ直し、「今、できること」を大切にして少しずつ自分に自信を持ち、自分を認めることが出来るようになり、それができたのはここにいる定時制の仲間や先生方とともに、口角を上げて、笑顔で生徒会活動や授業に取り組んできたからだと振り返っています。

皆さんも、四月から一つ学年が上がります。定時制の仲間や先生方とともに「今、できること」から一歩一歩歩みを進めてください。

卒業生からのメッセージ

三学期終業式式辞

Mar. 24 2021

皆さん、おはようございます。早いものでもう一年が経ち三学期終業式を迎えました。

一年の終わりに、こうして皆さんに直接お会いして話ができることを大変嬉しく思います。

三学期の始業式で、この一年大切にしてほしいこととして、「自分自身を表現し、人と人とをつなぎ、社会を変革していくために大切な役割を果たす言葉を大切にしよう」という話をしました。

今日は卒業した三年生が皆さんに残してくれた言葉、特に学習に関する五つのアドバイスを紹介したいと思います。

一点目は授業についてです。

「一、二年の時は自分の将来について考えることが難しい人もいると思いますが、毎日の授業や模試、定期テストなどに真面目に取り組み、基礎学力を定着させてください。

私は、教科書はマーカーしながら全部覚えるつもりで熟読したし、授業でやる問題は絶対最後まで解きました。わからないことがいっぱいあって、先生や得意な子にいっぱい教えてもらってわかるようになったし、逆に私も友達に教えることで理解が深まったから教え合うのが大事です。勉強を『苦』に思うのではなく、新しいことを学べる機会、自分の能力を伸ばせる機会だと考えられると楽しく勉強できると思います。」

二点目は模擬テストの活用についてです。

「模試見直しノート」を作って、模試が終わったらすぐ見直しをしました。間違えた問題だけじゃなくて微妙だった問題も復習しました。間違えた問題は何度も解き直しました。

模試見直しノートは、自分の苦手な部分だけを集めた参考書ができていくようなものなのでオススメです。」

「模試の時でも本番の心づもりで解くことが大切だと思います。そうすれば、本番の時に模試のつもりで緊張せずに解くことができるからです。私は本番で緊張しないために、日頃から最悪の状況を想定して過ごしてきました。探究の発表や部活の大会の時も、うまくいかない状況を真剣にはっきりと想像しておくことで緊張を抑えることができました。」

三点目は友達や家族、先生の存在の大切さです。

「受験は団体戦とよくいいますが、本当にその通りだと実感しました。友達と切磋琢磨しながら勉強することで自分の点数も伸ばすことができました。周りの人たちと支え合って、自分に自信を持って、合格に向けて頑張ってください。」

「わたしが受験勉強を通して感じたことは、周りにいる家族や先生の存在のありがたさです。受験勉強をしていると常にたくさんの不安が生まれてきます。そんな時私は家族や先生からたくさんのアドバイスや励ましをもらい、支えられてきました。家族や先生への感謝の気持ちと努力を忘れなければ受験は成功します。」

四点目は探究についてです。

「私には高校生活において身に付けた大きな誇りがありました。それは探究活動です。私はこの探究活動で現代の社会問題に関心を持つ力やそれに対する解決策を考える思考力、論理的に考える力、プレゼン力など社会に出ても大切になる力を大きく伸ばせました。課題研究に真面目に取り組み、たくさんの発表会に参加し、様々な先生方から意見や講評を聞き、経験を積むことができました。経験は自分の誇りになり、この誇りが受験において大きな力になりました。」

先輩の言葉は、これからの皆さんの高校生活の道しるべ、羅針盤となるものではないかと思います。

最後に、覚悟を持つことについてのメッセージを紹介します。

「今やることは覚悟を持つことだと思います。残り限られた時間で自分がこれからどうなっていきたいのか、そのためにどうするべきなのかを考えて行動してほしいです。部活を理由に動き出せていない人も、まだ受験勉強に火がついていない人も、もう勉強を始めている人も、今それぞれが覚悟を持ってください。」

今日、この瞬間から皆さん一人ひとりがなりたい自分になるための覚悟を持ち、行動を起こしてほしいと思います。有意義な春休みを。

第三章　〈生徒が主語の学校づくり〉

二〇二一年度

第三章　序

二〇二〇年度は、授業時間の削減と課外授業の廃止、学年会中心の新たな組織体制により、先生方が一人ひとりの生徒に丁寧に向き合い伴走するようになったことで若狭高校が大きく変わった年でした。また、SSH第二期中間評価において地域資源を活用した探究学習への取り組みが日本一の評価を受けたことで、地域の小中学校でも探究学習への取り組みが再評価され、若狭高校生をロールモデルとして小中高が連携して探究学習に取り組む契機となりました。若狭高校生が小中学生の探究学習に出かけていってアドバイスしたり、反対に小中学生が若狭高校にやってきて探究学習の発表を見て意見交換を行ったり、中には小学校で授業を行う生徒も出てくるなど子どもたち自身でどんどんつながりの輪を広げています。さらに、臨時休業期間中にSNSを活用して地元の飲食店を支援する生徒が出てきたり、生徒会執行部が一〇数回にわたりオンライン会議を行いコロナ禍における学校行事のあり方を考えたりと多くの生徒がAgency《エージェンシー》を発揮し、主体的に探究学習に取り組む中で育まれてきた資質能力が具体的な社会貢献の形として現れ始めた年でもありました。

二〇二一年度はこうした生徒の主体的な学びをさらに進めるため、各教科における探究的な学びを一層充実して生徒が各教科固有の見方や考え方を身につけ、それらを探究学習に生かしていくことで教科を横断、融合した総合的な知を育成していくことを目的として授業改善を進めていきました。

また、生徒が主役、生徒が主語の学校づくりをさらに進めるため、生徒会と相談して生徒自身の手でスクールポリシーを策定しました。各クラスで目指す学校像について話し合い、出された意見を生徒会執行部が取りまとめて原案を作成して保護者、教職員に意見を求め、その意見をもとにさらに検討を重ねて、最終的に生徒、保護者、教員による合同検討会を経てスクールポリシーを決定しました。生徒自身の手によるスクールポリシー策定は全国的にも稀だと思います。教員が作りこんだものに比べれば完成度の点で見劣りするかもしれませんが、スクールポリシーは作ったらそれで終わりではなく常に見直しを図っていくものであり、毎年生徒自身の手でポリシーを練り上げていくことに意義があると思います。

私はこの三年間、一貫して授業の大切さを伝え改善に取り組んできました。それは私自身が自分の授業を根本的に見直してきた経験があるからです。「授業の完全理解」という生徒の言葉をきっかけに自分自身の授業を作り直したことについては先にお話ししましたが、四〇代で若狭東高校に転勤した際、作り直した私の授業スタイルでは全く生徒の興味関心をひくことができず、授業が成り立たない状況に陥りました。私の話を面白くなさそうに聞いていたり寝ていたりする生徒を目の前にして、積み上げてきたものがガラガラと崩れていったことを今でも覚えています。

その理由を考えた時、私の授業はまだまだ教師主体で一人ひとりの生徒の学びにきちんと向き合っていなかったことに思いが至りました。そこで私はもう一度一から授業を作り直すことにしたのです。

最初に取りかかったのは生徒が興味を示す教材を作ることです。毎日複数の新聞に目を通し、毎週図書館に通って教材となる文章を探して毎回独自の教材を用意して授業に臨みました。授業では課題文に対する自分の意見を記述し、それをグループで読み合って互いに評価し合う活動を多く取り入れました。また、こうした授業では一人ひとり学習進度が違ってくるので、早く終えた生徒のために常に複数の教材を用意して授業に臨みました。生徒たちは多くの多様な文章を読んでそれに対する意見を述べ合い、互いの考えを尊重し合うことを通して学ぶ楽しさを実感し、次第に学び合う集団へと変わっていきました。

これにともない、講義形式の授業はほとんど行わなくなり、授業中は教室内を巡回して一人ひとりの生徒の学習のサポートに努めました。もちろん最初から全員が意見文を書けたわけではありませんし、人前で意見を述べることができたわけでもありません。しかし生徒に寄り添いサポートしていくことで、ほどなく全員が自分のペースで教材に取り組むことができるようになりました。そういう中で私を信頼してくれるようになり、私の話にも耳を傾けてくれるようになったのです。ある日の授業のあと、生徒たちが「あー、今日も頭使ったなあ、もうクタクタや」と話しているのを聞いた時は本当に嬉しかったです。

こうした授業改善は一人でできたわけではありません。教材は国語科の先生方とすべて共有して、生徒につけたい資質能力や教材の妥当性についてみんなで検討してさらなる授業改善へとつなげていきました。

さらに国語科での授業を小論文指導にも生かすことにして、農業科や工業科も含めて各教科の先生方と小論文指導チームである「チームイースト」を結成して毎年夏休みに近隣各高校の三年生一五〇名あまりを対象に小論文講座を開催しました。回数を重ねていく中で、各校の若手教員もチームに加わって講師を務めるようになり、まさに地域の学校全体で子どもたちを育てる体制を作ることができました。

残念ながら、若狭地区の高校再編で若狭東高校の普通科が閉科となった際にチームは解散しこの取り組みも終わってしまいましたが、当時講師を務めた先生方からは、この取り組みで身に付けた指導のノウハウが今も役立っているという話をうかがっています。

こうして、あらためて当時の自分自身の教育実践を振り返ると、現在令和の日本型教育として進められている個別最適な学びと協働的な学びに通じるものがあるように思います。

こうした経験を通して、私は生徒主体の授業づくりの大切さを実感し、授業をはじめ生徒会活動や部活動において生徒が主役、生徒が主語の学校づくりを大切にしてきたのです。

授業づくりにおける若狭高校の特徴としては、各教科が教科会を中心に単元ごとに育成したい資質・能力を定め、使用する教材や授業の展開方法、評価の方法等についても共通理解を図り、チームとして取り組んでいることがあげられます。また、学校全体としても昨年から全教員を一六のグループに分けて互いに授業を見合い研究会を行う「互見授業」を実施し、教科の枠を越えて互いに学び合う体制を整えています。

〈これからの授業づくり〉

若狭高校では「異質のものに対する理解と寛容の精神」という教育目標のもと、努力目標として科学的なものの見方や考え方を大切にして、主体的に考え、責任を持って社会を変革していこうとする意志や行動力を発揮する「Student Agency」の育成を掲げています。

〈生徒が主語の学校づくり〉

「自分から挨拶」すれば、相手も挨拶を返してくれます。「相手の長所を見つけてその人を好き」になれば、相手もあなたを好きになります。そのようにして、相手と良い人間関係を築くことが働く上でも大切なことなのです。みなさんには、この「反対給付」ということを心に留めてこれからの学校生活を過ごしてほしいと思います。

〈反対給付〉

生徒自らが自分たちの手でスクールミッション・スクールポリシーを策定した学校は全国で本校だけです。生徒、保護者、教職員、すべての関係者に意見を聞き、何度も案を練り直して丁寧に合意形成を図ってきた生徒会の取り組みは、まさに民主主義社会における合意形成のあるべき姿だと思います。

〈VUCAの時代を切り開く力を〉

日本の教育は、今日まで長らく教師による講義型の授業が主流です。皆さんの多くは、教師が説明、板書する学習内容や解法をノートに書き写し、その定着度をテストで計られるという教育を小学校からずっと受けてきたのではないかと思います。主体的に学ぶというのは、この教育の在り方を一八〇度転換するということです。授業の主体は皆さん自身であり、後手に回って与えられた課題に取り組むのではなく、興味や疑問を抱いた内容について自分自身で粘り強く考えていくということなのです。

〈主体的に学ぼう〉

世界から失われた「真実」を取り戻し、多様な人々が共存してその一人ひとりが個性や能力を発揮できる社会を構築していくために、私たちは学び続けなければなりません。

〈真実の終わり〉

これからの授業づくり

会誌『国文学』五十七号

May 1 2021

私からは、昨年一〇月二五日（日）にオンラインで開催された第一回リクルート・キャリアガイダンスセミナー２０２０における京都大学大学院教育学研究科、石井英真准教授の講演内容を紹介したいと思います。当セミナーは、「今こそ考える『これからの授業づくり、学校づくり』」というテーマで、最初に石井先生の基調講演があり、次に私から「若狭高校の授業改善への取り組みと組織改革」について講演を行いました。

石井先生は「授業づくりの深み—教師主導と学習者主体の二項対立を超えて『教科する』授業へ」というテーマで講演されました。その概略について紹介します。

①　コロナ禍によりこれまでの授業や学校の課題が顕在化している。休業期間中、学校から出される課題には学び手の目線で考えられていないものが多く、「課題爆弾」とも言うべきものであった。オンライン授業においても、「授業を進める・授業を届ける」というだけでは生徒の「学びを保証する・学びを支援する」ことにはならない。問われているのは教師の「授業観」である。

② 教師主導か学習者主体かの二項対立で授業が揺れているが、教師主導によりクラス全体で思考を練り上げていく一斉授業本来の良さが見失われていないか。一方で一斉授業には、教師の想定する流れや結論を押しつけたり、一部の生徒に引きずられる恐れもある。それを超越し「学問の香り」がする教師の授業こそ継承すべきである。

学習者主体の学び合いの授業は、学習者の生き生きとした姿やアイデアの創発を目指しているが、一方で学びを深める手立てがなく、学習のめあてと手順を示して生徒を動かすだけの授業になりがちである。

また、「(演習問題を)解く・進める」ことに重きを置く塾的な勉強文化の影響を受けた生徒たちは、それが「理解する」ことや「考える」ことだと誤認しがちである。学校も「立ち止まり」や「回り道」という理解や思考に誘う強みや矜持を見失ってはいないか。

③ ドリブルやシュートの練習(ドリル)がうまいからといってバスケットボールのゲームで上手にプレイ出来るとは限らない。ゲームで活躍できる感覚や能力は実際のゲーム(本物の状況)の中で育まれていく。ところが、学校ではドリルばかりさせていて、生徒たちはゲーム(学校外や将来の生活で遭遇する本物の活動)を知らないまま卒業していく。

教科の一番おいしいプロセスを生徒たちに委ねる「教科する(do a subject)」授業、「真正の（本物の）学習（authentic learning）」が必要である。

「本物＝実用」ではない。「本物」とは、教育的に加工される前の、現実のリアルや文化の厚みにふれることを意味する。「学問のにおい、ホンモノのにおいのする授業」をする先生、そんな実践を志向する文化を大切にしながら、人間的成長にもつながる質の高い学びをすべての子どもたちに保障したい。そうした学びの経験を通して、現実や社会への視野が広がり、視座が上がることで、社会が求めるコンピテンシーや受験学力も身についていく。

石井先生の講演は授業全般に関する内容であり、国語科に特化したものではありませんが、授業づくりや評価方法等さまざまな点で参考になりました。

石井先生のご講演後に行いました私の講演についても少しだけ触れておきます。

授業づくりにおける若狭高校の特徴としては、各教科が教科会を中心に単元ごとに育成したい資質・能力を定め、使用する教材や授業の展開方法、評価の方法等についても共通理解を図り、チームとして取り組んでいることがあげられます。また、学校全体としても昨年から全教員を一六のグループに分けて互いに授業を見合い研究会を行う「互見授業」を実施し、教科の枠を越えて互いに学び合う体制を整えています。

学校づくりにおける特徴としては、今年度から学年会を中心とした校務分掌体制をとり、学年主任を中心に担任がまとまって執務し、学年会が一丸となって生徒を支援することとしました。この体制が休業期間中はもとより学校再開後のきめ細かな生徒支援に効果を上げるとともに担任と教科担任の連携もこれまで以上に密になり、授業改善や学力の向上といった面で効果が上がり始めています。

授業づくりにおいても、学校づくりにおいても、教員が意思の疎通を十分に行い、チームとして取り組んでいくことが大切ではないでしょうか。本研究会もぜひそうしたチームでありたいものです。

主体的・探究的な学びが未来を切り開く

『進路のしおり』巻頭言

May 7
2021

　本校では昨年度より生徒の皆さんが自らの興味関心に基づいて主体的に学び、夢や希望の実現を目指すキャリア教育の充実を図っており、担任、教科担任を中心にきめ細かな支援を行っています。また、進路指導部をキャリアサポートセンター（ＣＳＣ）に、生徒指導部を生徒支援部に改称するなど学校全体で生徒の皆さんを支援する体制を整えています。

　こうした取り組みの結果、三か月間に及ぶ臨時休業にもかかわらず、昨年度三年生の国公立大学合格者は過去一〇年間で最多となり、就職・公務員希望者についても全員が希望進路を実現しました。私立大学や専門学校希望者についても多くの生徒が第一志望校に合格しています。これもひとえに粘り強く学び続けた生徒の皆さんの努力と保護者の皆様のご支援のおかげと心から感謝申し上げます。冒頭にも述べましたが、本校では昨年度よりキャリア教育の充実を図っており、そのためにいくつかの大きな改革を行ってきました。

　一点目は、週あたりの授業時間を三五時間から三三時間に削減し、担任が面談を通してきめ細かに支援できる時間や生徒の皆さんが主体的に教科学習や探究学習、部活動などに取り組む時間を確保したことです。この結果、従来を大幅に超える生徒が第一志望の国公立大学の総合型選抜入試と学校推薦型選抜入試に出願し五〇％の生徒が合格しました。また、一般選抜入試においても多くの生徒が三月実施の後期試験まで粘り強く受験に臨み五五％の生徒が合格しました。

二点目は、探究学習の充実です。昨年度、国公立大学の合格者が増えた大きな理由の一つに生徒の皆さんの探究学習への取り組みが高く評価されたことがあります。探究学習を通して大学で学びたいことや将来の夢について具体的に語れることが評価され、大きなアピールポイントになっているのです。

こうしたことを踏まえ、昨年度から二年普通科を中心に探究担当の教員を増やして支援体制を整えるとともに、修学旅行を見直し探究学習を目的とする研修旅行（アメリカ・シンガポール・台湾・国内の四コース）に変更しました。研修旅行の実施にあたっては、現在海外への渡航が出来ないため、クラス毎に県内外の高校や大学、研究機関を訪問し探究学習の成果発表や意見交換を行うこととし、県内外の高校や大学とオンラインでポスター発表や意見交換を行い学びを深めました。

生徒の皆さんには、自分自身が取り組んでいる探究学習が希望進路を実現し未来を切り開く上で大きなアピールになることを自覚しておいてほしいと思います。

三点目は、授業時間を削減したことで（加えて長期休業期間により）自ら主体的に学ぶ生徒が増えたことです。スタンフォード大学オンラインハイスクール校長の星友啓氏は著書『スタンフォードが中高生に教えていること』の中で科学的な根拠に基づき「手とり足とり丁寧に教えることによりかえって学びが浅くなり探究心が削がれる」と述べています。昨年の三年生は否応なく自分で勉強せざるを得ない状況に置かれましたが、逆にその状況が「自立した学習者」へと成長していく絶好の機会になったのではないかと思います。一方で、自ら主体的に学ぶことが出来ない生徒にとって授業時間の削減は学習機会を失うことにもなりかねません。この点に関しては、担任や教科担任が面談や個別支援を行っていくことにより、学習意欲の喚起と基礎学力の定着を図っています。

先に紹介しましたスタンフォード大学オンラインハイスクールでは、「目標設定と自己評価の習慣を身に付けることが柔軟に学ぶ姿勢につながる」というデータをもとに目標設定と自己評価を重視した教育を行っています。（効果として、①集中力を高める。②やる気があがる。③忍耐強く、より長く物事に打ち込める。④自分のスキルや引き出しから、関連するものを見つけやすくなる。の四点が検証されています。）

本校でも、日記帳等を活用して週単位で学習目標を設定してセルフアセスメント（振り返り）を行い、生徒の皆さんが柔軟にそして主体的に学びに向かう支援を行っており、スタンフォードの取り組みはその効果の裏付けとなるものです。これからもご家庭との連携を密にして生徒の皆さんの主体的な学びへの支援をきめ細かく行って参りますので、よろしくお願いいたします。

僕の分まで頑張って

春季総体壮行式激励

May 26 2021

五月末からいよいよ春季総体が始まります。東館ホールにインターハイ盛り上げ隊の皆さんが生徒の皆さんから寄せられた多くの素敵な応援メッセージを掲示してくれましたので、ぜひ見て力にしてほしいと思います。

その中に「僕の分まで頑張って」というメッセージがありました。怪我などで出場できない生徒からのメッセージかもしれないなどと思いを巡らせているうちに、人が最も力を発揮できるのは、自分のために何かをする時ではなく、他者のために力を尽くす時であることに思いが至りました。

一年以上にわたり、最前線でコロナ患者のケアに当たってくださっている医療従事者の皆さんがまさしくそうですし、身近なところでは皆さんのために毎日食事や洗濯、送迎などをしてくださる保護者の方々がそうです。多くの方が自分のことを後回しにして他者のために力を尽くしています。

ですから、皆さんも自分のためにというだけでなく誰かのためにという思いを持って試合に臨んでもらえるとこれまでつけてきた力を十分に発揮できるのではないかと思います。

まず、何よりこれまでともに練習に打ち込んできたチームメイトのために。

そして、これまで支えてくれたご家族のために。
最後に、応援メッセージを贈ってくれた多くの生徒の皆さんのために。
感謝の気持ちがきっと皆さんの支えになることでしょう。

メンタルヴィゴラス

北信越大会壮行式激励

June 11 2021

皆さん、こんにちは。まず最初に春季総体に出場・参加した全ての生徒の皆さんお疲れさまでした。自分たちの力を十分に発揮し、悔いのない試合ができましたか。

三年生の多くが今大会で引退し希望進路の実現に向けて新たな一歩を踏み出していることと思います。これまで部活動で培ってきた力を原動力に未来を切り開いていきましょう。

一、二年生は新チームとしてのスタートですね。三年生から託されたバトンをしっかり受け継ぎ、皆さん一人ひとりが主役となってチーム作りを進めてください。

北信越大会出場を勝ち取ったボート、陸上、柔道、ヨット、ラグビーの選手の皆さん、おめでとうございます。今度は福井県代表として北信越五県の代表と高いレベルで競うことになります。仲間を信じ、自分を信じて大会に臨んでください。

今春の卒業生に、D判定から大逆転で志望校に合格した生徒がいました。その生徒が合格の報告に来てくれた時の話が心に残っているので紹介したいと思います。

私が大逆転できた理由を尋ねるとその生徒はこんなふうに話してくれました。

「二次試験では、前日まで勉強してきた内容が全て出ました。英語も数学も対策してきた内容がそのまま出てきたのですらすら解けました。古典の問題はまるで現代文のように読みすすめることができました。問題を解いている最中にこの試験はまさに自分のための試験だと思えてきて合格を確信してワクワクしながら問題を解きました。」

学んできたことが全て出題されたことや、合格を確信しワクワクしながら問題を解いたことなど、この生徒の体験は印象深く私の心に刻まれていたのですが、先日、日本のイメージトレーニング研究のパイオニアと言われている西田文郎氏の著作を読んでいるときにこの生徒の試験中の状態が西田氏の言われる「メンタルヴィゴラス」という状態に極めて似ていることに気がつきました。

氏によると「メンタルヴィゴラス」とは、脳が最高に活性化して「まだ達成できていないのにまるで達成できたかのような気持ちになり、ウキウキワクワクする」状態になることだそうです。そして、その状態を作り出すには、まず「目標を持つ」こと、次に「目標を達成している状態を具体的にイメージする」こと、さらに「他者が喜んでいる様子をイメージする」ことが大切だと言うことです。人は他者のために何かをする時に最も力を発揮できるというのは先日もお話ししましたね。

その上で、「達成するための問題点や課題をイメージ」し、「自分は必ずできる。できて当然だ」

と自分自身に言い聞かせて、「目標を達成し喜んでいる自分を強くイメージする」ことで、脳が活性化し最高のパフォーマンスを発揮できる「メンタルヴィゴラス」状態に至るということでした。氏はこの状態を「完全なプラス思考」と表現しています。

先ほど紹介した卒業生も、必ず合格するという強い意志を持ち、志望校に合格して喜んでいる自分や家族を具体的にイメージして、「自分はできる」と信じて一つひとつの問題を解いていったのではないでしょうか。

北信越大会に臨む生徒の皆さんもぜひ高い目標を定め、自分たちが勝利してみんなで喜び合っている瞬間を具体的にイメージし、「自分たちはできる」と信じて試合に臨んでください。私には、皆さんが勝利して喜んでいる姿がありありと見えています。

生徒が主語の学校づくり

一学期終業式式辞

July 30 2021

皆さん、おはようございます。一学期の終業式にあたり、今学期を振り返ってお話ししたいと思います。まず最初に、昨日の合唱コンクール、皆さんの素晴らしい合唱に心から感動しました。猛暑の中、新型コロナウィルス感染症対策を講じながらの練習は本当に大変だったと思います。練習期間も短く、全体で合わせて完成度を高めていく時間も十分とれない中での本番でしたが、どのクラスも息の合った素晴らしいハーモニーを奏でてくれました。

六一回を数える長い歴史と伝統を持つ合唱コンクールですが、このような形での実施はもちろん初めてです。生徒会執行部、合唱コンクール実行委員会を中心に皆さんが力を合わせて困難を乗り越え、素敵な合唱コンクールを創り上げてくれたことを称えたいと思います。

スクールミッション・スクールポリシー策定に向けての生徒会の取り組みも着実に進んでいます。六月三〇日のＬＨ（ロングホームルーム）では、各クラスで代議員を中心にこれから若狭高校をどのような学校にしていきたいのかを話し合い、全校生徒の意見が執行部に集まりました。今、執行部では皆さんから寄せられた意見を集約してスクールミッションの原案を作成しています。原案が出来上がり次第、先生方や保護者の皆さん、地域の方の意見なども取り入れて策定していく予定です。

スクールミッション、スクールポリシーの策定は、今年一月に出された国の教育の指針を示す中央教育審議会答申で示されたものであり、これを策定することで全国の学校が「生徒が主語」の学校づくりを進めることになっています。

皆さんは、「生徒が主語」の学校と聞いて、どのような学校をイメージするでしょうか。

一学期を振り返り、授業や生徒会活動、部活動などにおいて自分自身が主語である学校生活を過ごすことができているか考えてみてください。

若狭高校では「異質のものに対する理解と寛容の精神」という教育目標のもと、努力目標として科学的なものの見方や考え方を大切にして、主体的に考え、責任を持って社会を変革していこうとする意志や行動力を発揮する「Student《ステューデント》 Agency《エージェンシー》」の育成を掲げています。

「生徒が主語」という言葉のひとつの解釈として、皆さん一人ひとりがAgencyを発揮していくことがあげられるでしょう。よりよい若狭高校を創り上げていくために、皆さんがAgencyを発揮してくれることを期待しています。

街角ピアノ

吹奏楽部定期演奏会挨拶

Sep. 9 2021

今回は吹奏楽部定期演奏会での挨拶を紹介します。

二〇二〇年　第五五回定期演奏会

ドイツの作曲家で音楽の父とも呼ばれるバッハは音楽について次のように述べています。

「音楽だけが世界語であり、翻訳される必要がない。そこにおいては魂が魂に働きかける。」

また、ポーランドの作曲家・ピアニストであるショパンは演奏家に対して次のようなメッセージを贈っています。

「今、演奏している自分の音楽を聴きなさい。自分を信じて演奏しなさい。聴かれていることを忘れずに。自分がこういう音楽にしたいという理想にしたがい、あなたの心で聴かなければなりません。あなたが伝えること、それがいいのです。」

本日の演奏会では、吹奏楽部員一人ひとりが自分の音楽を聴き、理想にしたがい、自分を信じて演奏することでしょう。そして、その魂が聴衆の皆様の魂に働きかけることと思います。演奏者と聴衆の魂が共鳴し会場がひとつになる素晴らしいひとときとなりますよう心から祈念いたします。

二〇二一年　第五六回定期演奏会

「街角ピアノ」というテレビ番組があります。世界各国の駅や空港に誰でも自由に弾くことができるピアノを設置して、さまざまな国のさまざまな年代の人々に自由にピアノを演奏してもらい、通りがかった人々が足を止めてその演奏に耳を傾けるという番組です。世界各国の人々が、自分にとって大切な曲を自分自身の人生と重ね合わせて思いを込めてピアノを弾く様子を見ていると、ピアノとともにある人生の豊かさや素晴らしさを感じずにはいられません。通りがかった人々がふと足を止めて演奏に聴き入る様子なども含めて音楽の素晴らしさをあらためて感じる番組です。

小浜の街にもそんな場所があるといいなと思っていたのですが、本日の演奏会がまさにそうした場所であることに気がつきました。

吹奏楽部員一人ひとりが心を込めて演奏する楽曲が皆さんの心に届き、会場全体が豊かで幸せなひとときとなりますよう心から祈念いたします。

若狭高校オープンスクール

Oct. 2
2021

本日は、オープンスクールにご参加くださりありがとうございます。

皆さんは、もう志望校・志望学科を決めましたか。どの高校で、何をどのように学び、どのような高校生活を過ごすかにより、皆さんの将来は大きく変わってきます。高校入試まではまだ十分時間がありますから、今の自分に満足することなく、高い目標を掲げて、志望校合格に向けて日々の学習に取り組んでください。

本日のオープンスクールを機に、皆さんが本校への入学の意志を固め、合格に向けて一層励まれることを期待しています。この機会に若狭高校がどのような高校なのか、若狭高校の魅力がどこにあるのかについて、三点お話ししたいと思います。

一点目は、若狭高校が目指している教育についてです。

本校は今年創立一二四年目を迎える県内屈指の伝統校であり、「異質のものに対する理解と寛容の精神を養い、教養豊かな社会人の育成を目指す」という教育目標のもと、普通科、国際探究科、理数探究科、海洋科学科の四学科、七六五名の生徒が互いの個性を認め合い、尊重し合って、各学科の学習をはじめ生徒会活動や部活動などに主体的に取り組んでいます。この「多様性＝Diversity《ディバーシティー》」による生徒相互の学び合い、高め合いが本校の魅力の一つです。

特に昨年からは、「主体的に考え、行動し、責任を持って社会改革を実現していく意志を持つ生徒」を育成する「Student《ステューデント》 Agency《エージェンシー》」の育成を努力目標として掲げ、生徒の皆さんが、自分自身が学びたいことや探究したいことを自分たちで見つけ、考え、行動していく取り組みを一層進めることで、新たな社会を担い創造していく人材の育成を目指しています。

今、世界はＡＩなど科学技術の進展に加え、コロナ禍により先を見通すことが一層困難な状況にあり、従来の常識や価値観にとらわれない新たな発想や価値の創出が求められています。本校では「Student Agency」を育成することで、生徒の皆さんによる新たな発想や価値の創出を支援し、地域をはじめ、日本そして世界の発展に貢献できる人材の育成に努めています。これが本校が目指している教育です。

二点目は、皆さんにそうした人材になっていただくために、地域、日本、そして世界各国との交流を推進する「開かれた学校」であることです。

本校は、国内はもとよりアメリカ、台湾、フィリピン、シンガポールなどの高校生や大学生、研究者との強い繋がりがあり、多くの生徒の皆さんが世界各国の人々と交流し、広く大きな視点から物事を考える機会があります。コロナ禍の現在もオンラインによる交流を行っており、皆さんの先輩たちは世界中の高校生や大学生、研究者とそれぞれの国が直面する課題や、それを乗り越えてこれから世界が目指すべき方向などについて意見を交わすとともに協働研究なども行っています。

そして、こうして実際に世界のさまざまな人々と関わり、視野を広げ考えを深めることが自分の将来の夢や希望へとつながり、各教科学習や探究学習などに主体的に取り組む原動力となっています。皆さんが望めば世界中の高校生や大学生、研究者とともにこれからの世界の在り方を考え、世界を変えていける。それができる学校は、県内はもとより全国を見渡してもそれほど多くはありません。こうした取り組みが評価され、本校は昨年全国のＳＳＨ校七七校の中でNo.１の評価を得ました。ぜひ本校に入学し、広く大きな視点からさまざまなことを学び、これからの人生を切り開く力を身につけてください。

三点目は、そうした意欲をもつ生徒さんのための新しい取り組みについてです。

本校は今年度文部科学省から「マイスター・ハイスクール」の研究指定を受け、海洋科学科を中心に若狭地域の人々が幸せに暮らせる社会を創造していく人材を育成する「若狭地域の Well-being の実現に向けた次世代人材育成のための水産教育カリキュラム開発」に取り組んでいます。ＩＣＴ

機器を装備した新型実習船「雲龍丸」を活用して最先端の水産海洋教育を行っていますので、海洋科学科に興味のある人はぜひ推薦入試も含めてチャレンジしてもらえればと思います。

また、文理探究科では昨年度より特色選抜入試において「探究」という種目を設定し、本校で学びたいという強い意欲を持つ生徒を募集しています。

具体的にどのような生徒を求めているかというと、ひとつは、「中学校での学習内容がしっかりと身に付いていて、高校入学後も目標実現に向けて主体的に学び続けることができる人」、もうひとつは、「自ら課題を設定し、他者と協働して解決策を考え、より良い社会を実現する志を持つ人」です。この二つの要件を満たす人を求めていますので、ぜひ多くの皆さんにこの特色入試にチャレンジしてほしいと思います。

来年四月から皆さんとともに学べることを楽しみにしています。

反対給付

定時制後期始業式式辞

Oct. 6 2021

皆さんおはようございます。後期の始業式にあたりみなさんに「贈り物」の話をします。みなさんは誰かから「贈り物」をもらったとき、どういう気持ちになりますか。嬉しい気持ちになるのはもちろんですが、それと同時に何かお返しをしなくては、という気持ちになりませんか。人には「贈り物」をもらうと、それと同じかそれ以上のものを返さないではいられないという習性があります。これを「反対給付」と言います。

そして、この習性を反対から考えると「何かを手に入れたいと思ったら、自分が先に差し出せばよい」と言うことになります。

たとえば、

「友達の笑顔が見たかったら、自分から笑顔で接すればいい」

「誰かに話を聞いてほしかったら、自分が先に話を聞いてあげればいい」

「自分を好きになってほしかったら、自分が先に好きになればいい」

ということです。

品物であっても、心であっても「贈り物」をもらった時に湧き起こる感謝の気持ちとお返しをしたいという気持ちは世界中の人々に共通するものです。

本校の卒業生で伊藤忠商事株式会社元社長の小林栄三先生も社会人の心構えとして同じことを話されていました。社会人にとって大切なことは「自分から挨拶ができること」と「相手の長所を見つけてその人を好きになること」だそうです。

「自分から挨拶」すれば、相手も挨拶を返してくれます。

「相手の長所を見つけてその人を好き」になれば、相手もあなたを好きになります。

そのようにして、相手と良い人間関係を築くことが働く上でも大切なことなのです。みなさんには、この「反対給付」ということを心に留めてこれからの学校生活を過ごしてほしいと思います。

ＶＵＣＡの時代を切り開く力を

若狭高校生徒活動総合雑誌「順造門」第二五号巻頭言

Dec, 25 2021

若狭高校生徒活動総合雑誌「順造門」第二五号発刊に際し、この一年を振り返ってみたいと思います。新型コロナウィルスが世界に蔓延して二年、感染は拡大と縮小を繰り返し未だ収束のめどは立っていません。感染予防のための新たな生活様式もすっかり定着し、マスクなしでの生活は考えられなくなりました。学校ではクロームブックを用いて授業が行われ、集会や発表会などもオンラインで開催されるようになりました。

また、昨年度は開催できなかった合唱コンクールも今年度は各クラスの合唱をオンラインで各教室に配信して行い、二年ぶりに皆さんの美しい歌声が校内に響き渡りました。

私たちを取り巻く環境が劇的に変化していく中で、先生方も生徒の皆さんも手探りで日々の授業や行事を作り上げてきた一年だったと思います。

コロナに象徴されるように世界が今先行きが不透明で将来の予測が困難な状況（「ＶＵＣＡ[注]の時代」）にある中、日本でも新たな考えや価値を創出して世界を変革していく人材の育成を目指す「令和の日本型教育」がスタートし、全国の高校がスクールポリシーを策定して生徒が「主語」の学校づくりを進めることになりました。

本校では、生徒会が中心となってスクールポリシーの策定に取り組みました。前期生徒会はまずスクールミッションの検討に取りかかり、各クラスから出された意見をもとに作成した原案について全校生徒、保護者、教職員に意見を求め、生徒、保護者、教職員の三者による検討会を経てスクールミッションを策定しました。

続いてこのミッションをもとに、後期生徒会も加わってスクールポリシー策定に取りかかり、同様の手順を経てスクールポリシーを策定しました。このように生徒自らが自分たちの手でスクールミッション・スクールポリシーを策定した学校は全国で本校だけです。生徒、保護者、教職員、すべての関係者に意見を聞き、何度も案を練り直して丁寧に合意形成を図ってきた生徒会の取り組みは、まさに民主主義社会における合意形成のあるべき姿だと思います。

また、二学期からは後期執行部を中心に経済産業省が主催する「ルールメイカー育成プロジェクト」に参加し校則の見直しに取り組んできました。皆さんの取り組みを支援してくれているＮＰＯ法人カタリバさんからは「校則を見直すに当たっては目指す生徒像や学校像に対する共通理解が欠かせない。他校ではその共通理解が大きな課題であるが、若狭高校には生徒自身の手によるスクールポリシーがあり、それを基準に校則を見直そうとしている。そこが他校の取り組みとは全く違っている」という話を伺っており、スクールポリシーが皆さんの中で息づき実態を伴ったものになり始めていることを嬉しく思っているところです。

スクールポリシーに基づき、関係者の意見に丁寧に耳を傾けて校則の見直しを進めてほしいと思います。

スクールポリシーも校則も一度決めたからそれで終わりということではありません。その意味や価値について常に問い続け、見直していくことが大切です。三年生を中心に作り上げてきた生徒主体の学校づくりのバトンを一、二年生がしっかりと受け継ぎ、Agency《エージェンシー》を発揮して、責任を持って主体的により良い学校づくりをすすめてください。

※「VUCA」…「Volatility：変動性」・「Uncertainty：不確実性」・「Complexity：複雑性」・「**Ambiguity**《アンビギュイティー》：曖昧性」

主体的に学ぼう

三学期始業式式辞

Jan. 11 2022

一年の始まりにあたり、皆さんに「主体的に学ぶ」ということについてお話ししたいと思います。教室での授業風景を思い浮かべてください。授業においてイニシアチブを取っているのは先生、皆さんのどちらですか。日本の教育は、今日まで長らく教師による講義型の授業が主流です。皆さんの多くは、教師が説明、板書する学習内容や解法をノートに書き写し、その定着度をテストで計られるという教育を小学校からずっと受けてきたのではないかと思います。

授業中のやりとりも、教師の発問に生徒が答える形ですすめられることが多く、授業の主体はあくまでも教師にあり、皆さんは受け身の形で、いわば後手に回り、与えられた課題について教師の意図に沿う形で解答する習性を身に付けてきたのではないでしょうか。

こうした習性はなかなか変えることができないため、社会に出てからも上司の指示を受けないと行動できない人が少なくありません。これが日本の教育の大きな課題のひとつとなっています。

主体的に学ぶというのは、この教育の在り方を一八〇度転換するということです。授業の主体は皆さん自身であり、後手に回って与えられた課題に取り組むのではなく、興味や疑問を抱いた内容について自分自身で粘り強く考えていくということなのです。

二学期に実施した「高校生学習状況調査」では、授業において「先生が説明・講義する時間は適切か」「内容について考える時間が十分あるか」「生徒の間で話し合う活動をよく行っているか」「自分の考えを他の人に説明したり、文章に書いたりすることをよく行っているか」など皆さんの主体的な学びが保証されているかどうかを尋ねる項目があります。

先生方には、調査結果をもとに授業の見直しをお願いしていますので、皆さんも自分自身が学びの主人公であるという気持ちを持って、日々の授業に臨んでください。

昨年、本校を訪れたお二人の方の本校の教育に対する評価を紹介します。

企業の組織改革などを手がけている株式会社ソフィアの廣田拓也氏は探究学習への取り組みをご覧になり、「探究学習によって養われる資質能力は、今まさに社会人に求められている資質能力そのものである。この能力を身に付ければ社会人としてどこでも通用する」と評価してくださいました。

また、授業デザイン研究所の三浦隆志氏は「若狭高校では、問題の答えを追い求めるのではなく、むしろ答えを創るような授業が展開されている」「知識量を増やし、問題演習をひたすら行って定着させていくような学びではなく、物事の本質や真理をさまざまな方向から追求していく学習スタイルが普通に行われている。そのようななかで、生徒たちは他者や社会との関わりから、さまざまな学びを経験し、自らのキャリアをデザインしている」と評価してくださいました。「探究的な学び」「主体的な学び」が授業において求められているのは、それらが今まさに社会において切実に求められているからです。まもなく社会に出ていく三年生の皆さんにとっても、これまで若狭高校で何をどのように学んできたのか、その学びへの姿勢が問われることになります。

皆さん一人ひとりが学びの主体は自分自身であるという自覚を持ち、新しい年に臨んでくれることを期待しています。

Well-being《ウェルビーイング》を実現する鍵

卒業式式辞

Mar.. 15 2022

ただ今、卒業証書を授与しました、全日制二六七名、定時制一名、計二六八名の皆さん、卒業おめでとう。皆さんは、若狭高校でのすべての業を終え、本日晴れて卒業の日を迎えられました。皆さんは新型コロナウイルスとの戦いという困難な状況で高校生活を過ごしてこられました。多くの制限が課され思い描いていたような高校生活を送ることができなかったと思います。しかし、このような状況にあっても皆さんはスクールポリシー策定や二年ぶりの合唱コンクール開催など若狭高校に新たな伝統を築いてくれました。

皆さんから託されたバトンを後輩たちが受け継ぎ前に進めてくれると思います。

これまで皆さんに接してきた多くの先生方から皆さんの授業や部活動への取り組みが素晴らしかったという話を伺いました。その理由を考えると二つのことが思い当たります。

一つめは、皆さんが探究学習や担任の先生との面談を通して「自分はこれがやりたい」という将来の夢を育み、その実現に向けてぶれることなく努力されてきたことです。

二つめは、担任のもとに「悩んでいる友人の力になりたい」、「自分の受験の経験を役立ててほしい」といった相談が多く寄せられるなど仲間を大切にする学年だったことです。

自分というものをしっかり持ち、友人のことも思いやれるのが皆さんの素晴らしさなのだと思います。そして、この二つのことは、先行きが不透明で将来の予測が困難な世界を生きる上でとても大切なことではないかと思っています。

世界は今新型コロナウイルス問題をはじめ紛争問題や環境問題、ＡＩの進展による社会変化など多くの課題に直面していますが、日本にはこれらに加えて急激に進む人口減少問題があります。日本は二〇〇八年の一億二八〇〇万人をピークにして人口が急激に減りだしており、厚労省の試算では今後年間九〇万人ペースで人口が減少し、八〇年後の二一〇〇年には総人口が五〇〇〇万人を切ると予測されています。地元に目を向けると、嶺南各市町の人口は二〇三五年には現在の約八〇％、二〇四五年には七〇％を大きく割り込むと予測されています。

問題なのは、短期間にこれほど急激に人口が減少した国は歴史上存在しないため、どう対応すればよいのか誰にもわからないことです。皆さんの中にも地域活性化をテーマに探究学習に取り組んできた人がいますが、急激に人口減少が進む中で地域を存続し活性化する有効な解決策は誰もまだ見つけられていないのが現実です。ですから皆さんの探究には大きな意味があるのです。これは企業も同じです。人口減少に伴う新たなビジネスプランをどのように立てていくかということが喫緊の課題になっています。

そういう中で、今社会から切実に求められているのが皆さんのように自ら課題を設定して、友人をはじめ国内外のいろんな人と協働して探究のサイクルを回し、課題解決に向けて主体的に活動できる人材なのです。

こうした状況にあっては、皆さんのキャリア実現への道のりもこれまでとは変わってきます。メタ社のCOO（最高執行責任者）であるシェリル・サンドバーグ氏は「キャリアとははしごではなく、ジャングルジムのようなもの」と述べています。

これまでの競争社会におけるキャリア形成は、頂上に向かってライバルと競い合いながら一本のはしごを登るようなものでした。これに対してサンドバーグ氏は、これからはジャングルジムのように上にも横にも進むことができて、疲れたら途中で休むこともでき、何人かで上って景色をシェアすることもできる、そのような多様性に富んだ協働的なキャリア形成の在り方を提案しています。

人口減少をはじめさまざまな課題に対応していくためには、課題に対する探究のサイクルを何度も回転させながら、多様な仲間と支え合って変化に柔軟に対応していけるジャングルジム型のキャリア実現が大切になってくるのではないでしょうか。

自分がしたいことに夢中になっているときに潜在能力は最大限に発揮され、仲間と協力して集団として能力を発揮するとき、新たな価値あるものが生まれてきます。

皆さんは若狭高校での三年間でこれからの世界を切り開き、皆さんの、そして皆さんを取り巻く人々の Well-being《ウェルビーイング》 を実現する鍵を手にされました。

それぞれの目指す道を仲間とともに歩んでください。

真実の終わり

三学期終業式式辞

Mar..24
2022

皆さんおはようございます。三学期終業式にあたり私から皆さんへの最後のメッセージを贈ります。二〇一九年六月に出版されたミチコ・カクタニ氏の『真実の終わり』という本があります。この本では、「どうして世界の政治指導者やオピニオンリーダーが、同時多発して真実を軽んじるようになり、しかもそれが多くの国民に支持されているのか」ということについて考察されています。その理由となる考え方について思想家の内田樹氏は次のように述べています。

「人間の行うすべての認識には、階級や性差や人種や宗教のバイアスがかかっていて、客観的な事実などは存在しない。従ってすべての認識は、自己や自民族を中心とする偏見であり、そうである以上、すべての世界観は等価である。明白な、あるいは常識的な解釈などはなく、『客観的事実』など気にかける必要はない。万人にとっての真実など存在しない。」

ロシアによるウクライナ侵略は、まさにミチコ・カクタニ氏が考察した人間の認識の偏りと思い込みが招いた惨事です。最新の科学兵器やグローバル化した世界により全世界が存立の危機に直面し、私たちの生活にも大きな影響が出始めました。一日も早く戦争が終結してロシア軍がウクライナから撤退することを願わずにはいられません。

一方で、世界が直面する課題に立ち向かい解決を図ろうとする若い世代が着実に増えています。先日のＳＳＨ研究発表会でお話しした「Ｚ世代」、そう皆さんの世代の若者たちです。

Ｚ世代とは、一九九〇年代後半から二〇一〇年代前半に生まれた世代の若者をさし、その特徴として生活の隅々までスマホに代表されるデジタルが浸透し、ＳＮＳにより瞬時に世界の人々と繋がり、考えや行動を共有できることがあげられます。

また、『Ｚ世代マーケティング』（Jason《ジェイソン》 Dorsey《ドーシー》 & Denise《デニス》 Villa《ヴィラ》 著）によると、Ｚ世代の若者たちは「ダイバーシティ」と「インクルージョン」という考え方を重視しています。ダイバーシティは「多様性」を、インクルージョンは「包摂（組織内の誰もが受け入れられ、認められていると実感できる状態）」を意味し、これらの言葉が示す社会の在り方、すなわち「多様な人々が共存して、その一人ひとりが個性や能力を発揮できる社会」の実現を求めています。

そうした要求を象徴するのがグレタ・トゥーンベリさんの環境保護活動や「ＬＧＢＴＱ＋の権利向上」を求める活動であり、皆さん自身の探究学習です。そして、こうした活動はまさに先に述べた「真実の終わり」に対する未来世代による「真実を取り戻し再構築する」ための活動でもあります。

三学期の始業式で皆さんに後手に回ることなく「主体的に学ぶ」ことの大切さについてお話ししました。世界から失われた「真実」を取り戻し、多様な人々が共存してその一人ひとりが個性や能力を発揮できる社会を構築していくために、私たちは学び続けなければなりません。ともに学んでいきましょう。

〈了〉

おわりに

おわりに

私のつたない実践を最後までお読みくださりありがとうございます。

校長として若狭高校に赴任した時、ある先生が「先生、宇宙一の学校を作りましょう」と声をかけてくれました。宇宙に飛び出す鯖缶のように若狭高校もとび抜けた学校にしたいというその先生の思いが心に残り、最初の職員会議で宇宙一の学校を作りましょうという話をしました。先生方は、この校長は何を言い出すんだ？　という顔をして笑っていました。

学校を離れることになった時、学年主任として一人ひとりの生徒を大切にする学年会を作られた先生が「先生、宇宙一の学校ができましたね」と声をかけてくれました。その先生がそのように思ってくれていることを嬉しく思うとともに、若狭高校の先生方の取り組みこそが宇宙一と言えるのではないかと思いました。

校長として最も大切にしてきたのが学校をチームにすることでした。二〇一九年の序でも述べたように赴任した時点で先生方のコミュニティ作りは進んでいましたが、担任や学年会を尊重する視点が弱かったため結果的に一人ひとりの生徒への支援が十分とは言えない状況にありました。そこで、学校教育の真ん中に生徒と担任、学年会をおき、Student Agency の育成とそれを支援する Co-Agency の形成を努力目標にして学校づくりを進めてきました。教員にとって生き生きと学び活動する生徒の姿を見られることほどうれしいことはありません。その意味で生徒が主語の学校づくりは先生が主語の学校づくりでもあり、チーム学校として目指すところであると思います。

中央教育審議会での発表の際、授業改善や学校改革は強力なリーダーシップを発揮できる特定の個人や教育環境の整った学校でしか進まない「あの人だから」「あの学校だから」問題が話題になったことは先にお話ししましたが、若狭高校では先生方がコミュニティを形成し、互いに尊重しながら常に半歩、一歩先を見据えて教育活動を進めています。一人ひとりの先生方がまさに「あの人」なのです。こうした先生方とともに学校づくりを進められたことが校長として何よりの幸せでした。

若狭高校はじめ各校を支援してくださる福井県教育委員会にも心から感謝を申し上げます。福井県は現在第二期教育振興基本計画（令和二年度～六年度）のもと、重点施策として「子どもの主体性を大切にし、『個性を引き出す』教育の推進」、「子どもが知的好奇心や探究心を持ち、『学びを楽しむ』教育の推進」、「地域に貢献しようとする心を育む『ふるさと教育』の推進」を掲げ、「引き出す教育」、「楽しむ教育」をキャッチフレーズに各学校と一体になって子どもが主役、子どもが主語の楽しい学校づくりを進めており、学校改革を進めるうえで大きな後押しをしていただいています。この場をお借りして杉本達治福井県知事様、豊北欣一教育長様、教育委員会の皆様にお礼を申し上げます。

おわりに、今回の出版にあたって、「異質のものに対する理解と寛容」という教育目標を定められた若狭高校第四代校長、故鳥居史郎先生のご子息でシングルカット社社長の鳥居昭彦様、編集を担当してくださいました小沢美智恵様、若狭高校の大先輩である小林栄三様、三宅弘様に多大なお力添えを賜りました。

この場をお借りして、皆様にお礼を申し上げますとともに学校改革を進めてきた若狭高校の素晴らしい先生方、生徒の皆さん、若狭高校をご支援くださるすべての皆様に心からお礼申し上げます。

二〇二三年　三月

中森一郎

解題

理念と実践　――中森一郎著『異質のものに対する理解と寛容』に寄せて――

鳥居昭彦

一九六五年に発行された『若狭高校研究紀要』第五号に、当時、若狭高校校長であった父・鳥居史郎の言葉がある。

「人の世の幸せ、人類の最高の目的は、争いのない世界をつくることだと思う。これこそ神に似せられて人間が作られたという、人類にのみ与えられた特権ではなかろうか。同質のものが助け合ったところで、それは当たり前のことであって動物でもできるのである。人類の平和の確立、あるいは共存の成立ということは、異質のものへの理解と寛容があってこそできるのである。教養ということばの意味は、このことであると思う。今の世の禍は、知識を修得してから徳をその中から探り出そうとしているのではあるまいか。聖書や仏典などの知識はあっても、宗教体験がなければ宗教家としての価値を失うように、現代人の愚かさは、平和の理屈は理解しながらも教養が身についていないために、異質のものの理解の上に立っての切磋琢磨ではなくて、同質のものの結合による排他主義となり、戦争是認人間喪失という、人としての喜び、人類生存の価値を失っているところにあるのではないか。異質のものに対する理解と寛容ということは、これこそ人の世の幸せの鍵である。」

一般に、教養人とは知識人を指すイメージがあるが、父にとっての教養人とは、そうではなく「他者理解」「他者尊重」「共存の成立」から生まれ出るものであった。すなわち「異質のものに対する理解と寛容」ということが「教養」の定義であり希望であった。

福井県立若狭高等学校は、旧制小浜中学、旧制小浜高等女学校を前身として、昭和二四年（一九四九）、新制の男女共学総合高校としてスタートした。そこには戦後の新たな教育を展望デザインし、総合異質編成のいわゆる「縦割りホームルーム制」という独自のスタイルを構築し学校生活の礎とした。これはクラス（授業教育）とは別に、男女、学年、学科（私が在学中は、普通科、理数科、商業科、家政科、被服科があった）の垣根を越えたホームルームを設けたもので、ひとつのホームの人数は概ね四〇人弱、全体のホーム数は三五という構成であった。昼食はホームルームでとり、そこで学校からの連絡事項やホームミーティングがある。また学校祭や体育祭、合唱コンクールなども、このホームルーム対抗で行われた。「異質のものに対する理解と寛容」という理念とこの「ホーム制」は一心同体であり、より良き社会を考えるという意味でも大きな成果をもたらした。いま国連が提唱しているSDGsのキーワードでもある「誰ひとり取り残さない」という言葉も、半世紀前のホーム制研究誌に既に見ることができる。それ故、ホーム制を経験したほとんどの卒業生は終生「異質のものに対する理解と寛容」という言葉を心に刻んでいる。中にはその復活を望む声すらある。

しかしながら、一九九四年三月に、ホーム制は廃止され同年四月からクラス制へと移行した。が、幸いなことに「異質のものに対する理解と寛容」「教養豊かな社会人の育成」という若狭高校の教育理念は守り残されたのである。

そこには、東京で弁護士をしている三宅弘氏（元東京第二弁護士会会長　若狭高校　第23回卒）から当時の校長に送られた二八頁にわたる請願書をはじめ、歴代校長連名の請願書、卒業生、退職教員、保護者、地域を挙げての署名活動など、多くの祈りにも似た努力があった。

著者である中森一郎先生も若狭高校の卒業生であり、このホーム制及びその理念によって育まれた一人である。大学で教育学を専攻された後、福井県の教職につかれ、二〇一九年から二〇二一年まで第二八代若狭高校校長を務められた。

本書は、校長在任中、若狭高校のホームページに、「校長室より」と題して折々の式辞や挨拶を都度掲載されたものを中心にまとめたものである。

折々の式辞や挨拶と聞くと、いかにもかしこまった感じがするが、中森先生の言葉は、壇上目線や形式的なものでなく、生徒一人ひとりの目線に立った言葉で、いずれも虚飾なくストレートに語られている。それは中森先生が、学校教育の現場で直面する様々な課題に真正面から向かい合い、心を砕き肌で感じた実践体験に裏打ちされているからだと思う。語りかけられた言葉の一節一句を心のカンヴァスに映していくと、一枚の絵画として鮮やかに浮かび上がってくる。

そしてその背景には、常に「異質のものに対する理解と寛容」「教養豊かな社会人の育成」という理念が墨絵のように流れているのである。あるいは雲間から射しこむ陽光のようでもある。理念と実践が美しく、また力強く重なり合う風景である。

いま世界は、コロナ禍によるパンデミックをはじめ、「環境問題」「エネルギー問題」「人口問題」「食糧問題」、それに伴う安全保障のあり方など様々な課題がある。またAIをはじめとするデジタル社会の急速な進展によって、社会構造も新たなステージを迎えている。これにより職業の形も大きく変化しようとしている。そのような時代に臨むキーワードとして、「ダイバーシティ」「リベラルアーツ」「グローバル」「ＳＤＧｓ」という言葉も近年よく耳にするところである。

時代の変革期に、その拠り所となるのは、やはり理念なのかもしれない。「異質のものに対する理解と寛容」という言葉は、七〇余年前から日本海に面した小さな町にある一高校で大切に語り継がれてきた。それはスローガンに終わることなく、この理念を基に切磋琢磨し教育実践を重ねてきた。それが若狭高校の伝統文化である。

父・鳥居史郎が亡くなったのは一九九四年二月四日であった。

後日、父の書斎の整理をしていると、机の上に一冊のノートが置かれているのが目に入った。それは、父が日記がわりに使っていた大学ノートであった。手に取り開いて見ると、最後の頁に、おそらく亡くなる二日前に書かれたと思われる、ほぼ絶筆の言葉があった。そこには、こう記されていた。

人が生きる上に於て、最も大切なことは
〝異質のものに対する理解と寛容〟であると思うのです。
〝愛〟という言葉も〝教養〟という言葉もその原点は

〝異質のものに対する理解と寛容である〟と思うのです。
奇しくもこの言葉が記された翌三月、若狭高校の「縦割りホームルーム制」は四五年の歴史を終え、年度が変わった一九九四年四月よりクラス制へと移行した。

あれから三〇年近くが過ぎたが、「異質のものに対する理解と寛容」は、いまなお若狭高校の最も大切な理念として現然と生きつづけている。本書にある「探究学習」は、半世紀以上も前の卒業生にとっては耳慣れないが、その実践の中身を知るにつけスーッと腑に落ちてくる。ホーム制が目指したものと根底で符合するのである。それは、若狭高校にとどまらず、校下の小中学校にまで裾野を広げている。ホーム制もまた、形を変えながら生きつづけているのである。
「異質のものに対する理解と寛容」の理念は、中森一郎先生によってしっかりと受け継がれ、そして生徒と先生の質の高い信頼関係のもと、その理念に寄り添いながら、いまも実践的学校改革がなされているのである。

（シングルカット社 代表　若狭高校 第22回卒）

■参考資料

・池谷裕二「受験脳の作り方」新潮文庫
・池谷裕二「脳はなにかと言い訳する」新潮文庫
・池谷裕二「脳には妙なクセがある」扶桑社
・石井英真「未来の学校」日本標準
・石井英真「授業づくりの深め方」ミネルヴァ書房
・内田 樹 「内田樹の研究室」
・Christine Porath「礼儀正しさこそ最強の生存戦略である」東洋経済新報社
・Jason Dorsey & Denise Villa「Z世代マーケティング」ハーパーコリンズ・ジャパン
・高橋源一郎「僕らの民主主義なんだぜ」朝日新書
・永田和宏「知の体力」新潮新書
・永田和宏「現代秀歌」岩波新書
・奈須正裕「個別最適な学びと協働的な学び」東洋館出版社
・西田文郎「No.1メンタルトレーニング」現代書林
・福岡伸一「最後の講義 ―どうして生命にそんな価値があるのか―」主婦の友社
・藤垣裕子・柳川範之「東大教授が考えるあたらしい教養」幻冬舎新書
・星友啓 「スタンフォードが中高生に教えていること」SB新書
・マシュー・サイド「多様性の科学」ディスカヴァー・トゥエンティワン
・ヤング吉原麻里子、木島里江「世界を変えるSTEAM人材」朝日新書
・三浦崇宏「言語化力―言葉にできれば人生は変わる」SBクリエイティブ
・ミチコ・カクタニ「真実の終わり」集英社
・「国や社会に対する意識」（九カ国調査）日本財団「18歳意識調査」2019
・ジャレド・ダイアモンド他「コロナ後の世界」文春新書

中森一郎（なかもり・いちろう）

1963年3月7日　福井県小浜市に生まれる。

若狭高校、滋賀大学教育学部卒。

1985年に福井県の教員となり、美方高校、若狭高校、若狭東高校で教諭として勤務後、若狭高校定時制教頭、福井県教育委員会高校教育課参事（授業力向上）、福井県教育庁課長（学力向上）、若狭高校校長を経て、福井県教育庁学校教育監。

装画：　パウル・クレー

装幀：　シングルカット社デザイン室

協力：　小沢美智恵　新藤 信（日本パウル・クレー協会）
　　　　小林栄三　三宅 弘

異質のものに対する理解と寛容　－福井県立若狭高等学校の理念と学校改革－

発行日　2023年3月31日

著　者　中森一郎

発行者　鳥居昭彦

発行所　株式会社シングルカット

東京都北区志茂 1-27-20　〒 115-0042

Phone: 03-5249-4300　Facsimile: 03-5249-4301

e-mail: info@singlecut.co.jp

印刷・製本　シナノ書籍印刷株式会社

 ISBN9784-938737-72-6